典藏人文 6

蕭蕭 70 紀念文集

亂中有序

詩人與詩人的第一類接觸

Order in Chaos

新世紀美學 出版

序中有序

蕭蕭

1996年10月余光中出版了《井然有序》（九歌），收集三十五篇「被動的評論文章」，含括的文類有詩、畫、散文、翻譯，也及於選集、辭典，此書厚達五百頁，書中序文時而微觀、時而宏觀，理趣、情趣兼具。其後八年，2004年6月瘂弦印行他數十年來所寫的序跋類文章，「思維深刻，人情練達」，題其書名曰《聚繖花序》（洪範），分為I II兩冊，得文八十二篇，隸屬詩與詩論、散文、小說、文學藝術論述四卷，一時蔚為風尚，眾多文青都在查考聚繖花序的模樣、類別，跨界認識植物學、花卉學。

二十世紀之後，我已年過半百，詩壇有許多初次出版詩集的朋友，不敢貿然請求余、王兩位先生撰寫推薦序，轉而求助於我，自2000年至2013年，每年總有一至三篇的紀錄，2014年以後的這三年，數量轉多，超過前十二年的總量，共得五十八篇，剛好是余、王兩位先生序文數量的平均數，因仿先生書名，笑稱《亂中有序》，世人因而知悉我治學不及余先生之嚴謹，做人也難以井然有序，心性、修為更不如瘂公甚遠，深情、浪漫與花無涉。但對詩道不懈的追求，與友朋詩藝的日日切磋，牽成後進的真摯之忱，不敢落於兩位先生之後，因此擇定 2017 年春出版此書，距 1947 出生之日七十載，藉以期許自己可以縱心創作，少作評述、序跋的踰矩之工。

2016 年 11 月　蕭蕭自放焰火於明道大學蠡澤湖畔

是為序中之序。

亂中有序

詩人與詩人的第一類接觸

目次

Order in Chaos

亂中有序

詩人與詩人的第一類接觸

目次

Order in Chaos

亂中有序

詩人與詩人的第一類接觸

目次

Order in Chaos

誰能為風找到安歇的地方？

第一次翻閱龔華的第一本詩集《花戀》，就為輯一的第一首詩〈風之魂〉陷入沉思，她說：「參天的古樹／迎白雲為幡／行進一場招靈的儀式」「我便知道／噗噗的風聲／已尋到止歇的歸處」。風，會有止歇的歸處嗎？

認識龔華是在一九九九年秋季永康街的「長春藤」午宴上，前輩詩人瘂弦設宴招待西安來的詩評論家沈奇，我應邀作陪。那時只知道她是「小白屋詩苑」社長，其他一無所悉，包括「小白屋詩苑」是一本什麼樣的刊物也毫無概念。對於詩壇的人與事，我原是隔絕而陌生的；我熟悉的只是詩——詩作、詩選、詩論。因此，此後一年未再與龔華在詩人聚會的場合碰面。直到二〇〇〇年八月赴希臘參加第二十屆世界詩人大會，龔華與我都是台灣代表團的一員，我們才有較多相處的機會，也在這時才發覺我們都是輔大的校友，龔華小我一屆，合該是學妹，大一時她說她還曾參加我主辦的邀請現代藝術家、詩人到輔大座談的活動，輔大，成為我們說不完的話題。

懷舊如風，會有止歇的時候嗎？

希臘、土耳其之行，龔華送我她的第一本散文集《情思情絲》，細膩、綿長，那情思不正是人身體裡的呼吸嗎？柔韌、婉約，那情絲不也是大自然裡的風噫嗎？呼吸、風噫，豈會有止歇的限期？回國後，細讀龔華的《花戀》，那樣的情絲依然飄拂在花一般的文字裡，那樣的情思（ㄙㄟ）依然蕩漾在戀一樣的波紋中。《情思》與《花戀》，二而為一，那是什麼樣的風，豈會有止歇之時？

據說，《花戀》這本詩集最早要以《風之魂》為名的，朋友認為不是吉瑞之兆，所謂白雲為幡，所謂招靈儀式，真的不是祥瑞之詞，但是，仔細閱讀龔華這兩本書，抒的不正是生死之間艱苦的戀情嗎？寫的不正是陰陽兩隔酸澀的相思嗎？有時變身為「你」與「我」：「我看著晨曦／漸被你盤旋已久的靈魂／一點點染綠」；有時化身為「他」與「妳」：「妳向來執著於／他與青青草原共存的信仰啊！」；不論是第一人稱、我們、主觀、裎露，還是第二人稱、妳們、客觀、描繪，穿梭的是這個時空與另一個時空，瀰滿的是情愛的刻記、生死的惦記。只是，這個時空有說不完的山海盟誓，另一個時空有太多的未可知、不可期；只是，情愛的刻記粗粗細細，生死的惦記短短長長，如何數算完畢？那傷痛的風焉有安歇的可能？

這樣的一本詩集，寫的人不捨，讀的人不忍，而風依舊沒有他安歇的地方。

誰能為風找到安歇處？

那參天的古樹，那雲？

只是，風，需要安歇的地方嗎？

有了安歇處，風還是風嗎？

我大聲問虛空，虛空無語。

讓風去吧！我闔上《花戀》，《花戀》的書頁間閃出一道風，任風去吧！

2000 年 11 月　台北

龔華：《花戀》

詩藝文出版社，2001 年 1 月 16 日

ISBN10：9570379243

遊走在童話森林的邊緣

「老師，我是你的學生小紅帽。」

與小紅帽結師生之緣，不知多少歲月華年了。從她高中畢業，我們就有一年的時間，在文言文與散文、散文與詩，蘇東坡與徐志摩、徐志摩與張秀亞之間，往來穿梭、探索，仔細琢磨、鑽研。後來，陸陸續續在耕莘等寫作會、文藝營重相見，十多年了，我依然在耕莘等寫作會、文藝營陸陸續續看見她出現，十多年了，她依然在文藝圈，徘徊、留連，試探、發現。幾年不見，她竟然又成為電影從業人員，又導又編，又唱又演。如此耽溺，耽溺於終生學習，如此沉迷，沉迷於語言文字的魅力，令人驚喜。

一般人不知道白雪公主的年紀，所以我也不知道小紅帽為什麼一直是小紅帽，為什麼一直遊走在童話森林的邊際，如此耽溺，如此沉迷！耽溺有時是好的，《處女座的處女作——小紅帽詩集》，從紅蘋果開始一路尋找愛情維他命，一路書寫愛的進行式、等或不等的情意，一路迷惑於愛的蒙太奇，試著為愛解謎，一路感嘆世界上最悲哀的事：「你用盡生命來愛我，我卻對你毫無感覺」的心死之悲，一路編織紫色的心、愛的故事，一路繪製愛情圖像詩。沉迷有時是對的，《處女座的處女作——小紅帽詩集》，最後的篇幅留給了小紅帽內心深處永恆的心動與心悸，童情與童趣，文學的真，真正是文學的真諦。

走過童話森林，走過愛的迷離，也許我們要跟小紅帽說，耽溺有時是好的，有時卻也可以不必那麼耽溺；沉迷有時是對的，有時卻也可以不必那麼沉迷。文學不能不似，不似失其所以為詩；不能太似，太似失其所以為己。文學在似與不似之間，耽迷與不耽迷之際，掌握分寸，拿捏得宜，這是文學另一個重要的真諦，不可不熟知，不可不熟習。

走過迷霧森林，我們要祝賀小紅帽：前面就是康莊大道，請大步前去！

2000 年 11 月 台北

小紅帽：《處女座的處女作——小紅帽詩集》
旺角出版社，2001 年 2 月 5 日
ISBN10：9578213387

無酒亦真，有酒益真

真善美，是我們時常朗朗上口的三個字，文學追求真善美，人生追求真善美。但是我們是否思考過為什麼先真而後善、美？如果失真，其後可能善或美嗎？

有人說，一個人如果身心健康，那人生的價值就創造了一個「1」，「親情」是接下來的那個「0」，有了健康、親情，生命就「十分」可愛！如果再加上第二個「0」——親愛的朋友，那就是一百分圓滿的人生；繼續加上第三個、第四個「0」——「財富」與「人文素養」，那就累積為千分美麗、萬分美滿的人生了！只是，不要忘記：沒有健康的那個「1」，親情、財富等等，不論多厚多重，人生永遠都只是「0」。

所以，真就是「100」「1000」「10000」分中的那個「1」。沒有了「真」，善，只是偽善；美，只是打腫了臉所充的那個胖子，站在塗了很多白粉的那堵土牆旁邊。沒有了「真」，善，只是慈善家樂捐一百萬之後與放大的支票合照的那張笑臉；美，只是虛有其表。

中庸上說：「不誠無物」，誠，就是真實無妄；不誠就是不真，不真，文學是零，人生是零。

最近閱讀劉小梅的新作《今夜有酒》，短短兩年內，竟寫出168首詩，不是因為她是一個多產的詩人，而是因為她的詩作篇篇有感而發，生活中的偶遇、社會上的新聞，總是一再觸動她靈敏的心，隨手擷取，隨意揮灑，佳作就這樣源源不絕奔湧而出。整本詩集的寫作態度與成果，以一個字來概括，那就是「真」字：無酒亦真，有酒益真。看不出「今夜有酒」的「酒」字所發酵出的作用，但處處感覺得到詩中瀰滿的「真」意。

紅塵速寫是劉小梅詩的正軌／因為心意真

《今夜有酒》中最受人重視的應該是〈紅塵速寫〉一百帖，持續以詩關懷眾生，持續以詩紀錄社會，在詩人群中未見有意志力如此堅定不移者。或者我們可以這樣說，劉小梅的詩集《雕像》、《今夜有酒》等等，其實都是紅塵速寫，劉小梅的詩不離生活，事事有所本，因此即使跳開〈紅塵速寫〉一百帖，我們看到的詩作仍然是紅塵裡的速寫，或一首，或五帖，或凡常行事，或特殊變故，都在塵俗中，生活裡。

凡常如漫步，她可以寫出〈漫步十帖〉，其一：「漫步／在熟悉卻又陌生的街道／突然想起／啊／家裡爐上那鍋青春／早燉爛了」。從漫不經心的散步驚覺到爐上燉煮食物卻未關爐火的煌急，一轉卻轉到青春的流逝，讓人啼笑皆非，不知是要趕回去關了爐火正確？還是繼續漫步才是人生？至於燉爛的那鍋青春，留有香氣，還是不堪聞問？可讚還是可歎？劉小梅不給讀者任何暗示，她依舊漫步她的漫步。漫步到綠牆邊，又有新發現，其二：「綠　迅速蔓延／牆　呼吸急促／我兩手一攤：／隨緣」，爬牆的綠色植物佔滿整堵牆，牆是受到保護還是受到威脅？把鳥籠打開讓鳥飛出，是鳥還是鳥籠得到自由？小詩寫手非馬曾經這樣思考，漫步的劉小梅卻兩手一攤：「隨緣」。她隨緣，她漫步，我們卻陷入沉思。我們陷入沉思，她仍隨緣、漫步，漫步到一叢花前，又有新命題，其三：「花正在對眾生佈施／以她的美／我停下略感疲憊的腳步／仔細聆聽她溫柔的心跳／／突如其來的飛石／砸碎了她奉獻土地的夢／但／連死亡她都在忙著／以身說法」。漫步看到花的美，她覺得那是一種佈施、溫柔的心跳，她停下腳步接受佈施。一般人會停在此處讚賞花、讚賞美，讚賞「色」，劉小梅卻在花美中看到死亡，看到「空」（突來的飛石砸碎了她的夢）。一般人會再度停在此處哀傷生之脆弱、哀傷死亡，劉小梅卻在「空」中又看到了「色」，她說花藉著死在說法，隨著她的詩句彷彿又有一些悟境在招引著我們……

凡常漫步如此，特殊變故如颱風假，她仍然有新的觀察，新的視野提供我們沉思。如〈颱風，東北東〉寫多出來的颱風假做什麼好呢？即使失業，「也得忙著被親友數落」；即使詩集滯銷，也得讓詩人「彷彿很忙地被崇拜著」；即使業績慘跌，也得讓老闆「彷彿很忙地被青睞著」；即使人窮志短，也得讓從未有過緋聞的人「彷彿很忙地被愛戀著」。這樣的詩句中有著嘲諷、有著心酸、有著悲憫，是紅塵的速寫，是常民的小傳，是詩人悲憫之後不得不然的曠達。

心境素描是劉小梅詩的通路／因為情意真

不誠無物。要看一個人心中是否真實無妄，誠或不誠，那就要看他是否誠於心，是否對自己真實而無欺罔。

喜怒哀樂之未發，謂之「中」，發而皆中節，謂之「庸」。這是修養的極致，卻不是文學的底層。文學的「誠」是忠實面對自己的喜怒哀樂、愛憎惡欲，忠實面對自己的小憂小懼、小得小失。劉小梅的《今夜有酒》，豁達撥弄社會萬象，卻細膩處理自己的情意，處理越細膩，越見其真。或許就像她自己在〈戀歌〉中說的：「這才發現／連時間／都埋葬不了／對你千迴百轉的思念／／唯將／淚／典藏於／詩的皺紋裡」（〈戀歌之八〉），她的詩典藏著許多千迴百轉的思念，但是，思念長，詩卻不一定長，以她集中最短的兩行小詩來看看戀情之真。

夜在蒸發
只因飲你無度　——〈戀歌之七〉

「夜在蒸發／只因飲你無度」。蒸發，是因為有液體、熱度兩個條件，才可能蒸發。熱度當然是情愛的光熱促使溫度升高，蒸發的是什麼液體，卻有眾多可能。如詩集集名為《今夜有酒》，液體最可能是「酒」，溫度升高的原因除了情愛的光熱，又增加喝酒的因素。「夜在蒸發」的液體也有可能是「淚」，「飲你無度」是指思念太深，思念太深而無法相見，使人感傷而落淚。蒸發，如果是「汗」呢?不無可能，「只因飲你無度」而汗流不停，這時，戀情詩一變而為激情詩、情色詩，性與愛，兩不離，蒸發的是兩人身上交互往來的體溫、汗液，讀者閱讀的體溫也因而增昇。

但不論是何種液體蒸發，蒸發的意象卻是綿綿不絕，讓我們也感受到情意綿綿不絕；蒸發的另一個意象卻是在飄渺中消散逸失，無可追尋，這一層感受則使心頭的惆悵久久不去。

「飲你無度」的「飲」字，顯現了「愛」的優雅。這會讓我們輕易想起夏宇的〈復仇〉，「將你的影子加點鹽／醃起來／風乾」，這樣的久藏設計，不是為了保存風味，而是為了「老的時候／下酒」。注意，是「下酒」，不是「下飯」。「下酒」，有一種說不上來的情意悠長的氣息；「下飯」，則是「柴米油鹽醬醋茶」（其中無酒）的凡常、傖俗。是「飲」，不是「吃」；是「下酒」，不是「下飯」；都具現了是「詩」不是「散文」那種高度的優雅。

最為狂野、肆放，最是真摯、無與倫比，則是「無度」二字。在情感抒發的過程裡，永遠不需要忌諱，不需要節制，有多少，揮灑多少，才是「情真」「情深」的真諦。短短兩行詩，蘊含多皺摺的情意空間，可以再三低迴。

劉小梅的情路，依詩而言，似乎也不那麼順遂，不過，類近於以詩寫日記的人，〈紅塵速寫〉一百帖中常常可以見到情意的真正舖展，心境的小小素描。如「終宵傾耳／等待／戀的腳步／一打盹／歲月已叫賣而過」（〈紅塵速寫之十五〉），嗟嘆青春易逝，也不過一打盹的功夫。如「為歲月的殘顏修面／在爐邊／並且將寒冷的言語／烤暖／看看／春天還有多遠」（〈紅塵速寫之三十〉），則又對春天的欣欣之意容易向榮充滿期待。這樣的心境寫真，據實轉折，是劉小梅詩作的寬廣大道，最宜奔馳。

棄疾變格是劉小梅詩的別趣／因為生意真

女性詩人有傳統婉約如蓉子、敻虹者，有超越男性積極倡導女權如顏艾琳、江文瑜者，但是罕有像劉小梅這樣大剌剌以生活語言直接入詩，衝破性別框架，形成特殊景觀，創造出屬於個人風格的語言特質。

如稱月亮是「營業中」的月亮，說她「生意興隆」是因為「童叟無欺」（〈紅塵速寫之六〉），如形容智障男子「舌頭打結」，在屋簷下竭盡所能「拚經濟」（〈紅塵速寫之二十五〉），如敘述行人的呼吸都噴著一股寂寞，「環保官員」也不知如何「取締」（〈紅塵速寫之七十四〉），如晨起蹓狗，人與狗熱情互動，她疑惑：「不知牠使用的是母語還是普通話？」（〈紅塵速寫之九十九〉）。這些「母語」、「普通話」、「拚經濟」、「童叟無欺」等等，是不具傳統美學價值的語言，不為一般女性作家所駕馭的詞彙，但在劉小梅詩中總是那樣自在而流利，既有嘲諷的可能，又有悲憫的不忍，這種「變格」的作風，不能不令人想起南宋辛棄疾應用四書五經的揮灑自如：

進退存亡，行藏用舍。小人請學樊須稼。衡門之下可棲遲，日之夕矣牛羊下。去衛靈公，遭桓司馬。東西南北之人也。長沮桀溺耦而耕，丘何為是栖栖者？

——〈踏莎行・賦稼軒，集經句〉

君子「用之則行，舍之則藏」、小人「樊遲請學稼」，都是《論語》上的句子；「衡門之下，可以棲遲」、「日之夕矣，牛羊下來」，直接引用《詩經》；「去衛靈公，遭桓司馬」是《孟子》書上記載孔子當厄的窘況；「今丘也，東西南北之人也」是《禮記・檀弓》孔子自述之語；最後又回到《論語》的典故，以長沮、桀溺的耦耕，對比孔子栖栖惶惶不足取，用以襯托「稼軒」命名的用意。整闋詞都以「未經消化」的經書句子直接引入詩詞裡，在以婉約為正宗的宋詞思潮中獨樹一幟，是以將軍的快馬奔馳在蜂喧蝶舞的花園中，「殺風景」而成為另一種風景，極不似而成為另一種神似。

劉小梅硬生生的「營業中」的月亮，「舌頭打結」的智障男子，是變格棄疾的現代版，我以為這是「生意」的盎然所衝撞，不是「生澀」的乾筆所造就。只是，該繼續闡揚以成大家，或是留照存證見好就收，這就要看詩人自覺的識見到底有多深？

不過，「真」字寫出來的那個「1」，已在劉小梅的詩路上畫下深深的刻痕，劉小梅倒是真的可以思考要添加什麼樣的「0」，累積分數。

寫於 2003 年 5 月 SARS 猖獗時　台北

劉小梅：《今夜有酒》
文史哲出版公司，2003 年 12 月 1 日
ISBN13：9789575495343

林德俊的詩是童年派來臥底的

《成人童詩》是林德俊的第一本詩集。他自稱是「從夢中醒來而後成為詩人，追求一種簡單而深刻、平易而不凡的詩風，立志作一個呆板城市的塗鴉混混、秩序世界的不良少年。」這樣的一段話剛好可以說明為什麼詩集要叫做《成人童詩》？從夢中醒來的人，理應是一個成熟的理性人，此之謂「成人」；是成人卻要追求簡單而深刻、平易而不凡——這是保有「童」心的人；還要立志作呆板城市的塗鴉混混、秩序世界的不良少年——違抗秩序，另造世界，這是擁有「詩」心的人。如是，成就了這一本《成人童詩》。

「童」與「詩」，竟是這本詩集的兩大共構成體。或者說這本詩集竟是「童」與「詩」的交媾成果。要想進入《成人童詩》，唯賴「童」與「詩」這二字訣。「童」與「詩」這兩個字在詩集中往復出現，不計其數。我們將要從「童」與「詩」這兩個字進入林德俊的世界。

一、兒童節事件

《成人童詩》輯三叫做「微小的大夢」，似乎就有童夢之意。輯名的序言說：「我們的夢都太大了／以致最終難以實現／這次不那麼貪心／我選擇把那些過渡腫脹的心願／縮得很小很小／得用放大鏡才看得到」。顯然這是算計過的童心，成人的童心。因此，他的〈兒童節事件〉是成年後的我遇上童年的影子才發生的，必須把「他」縫在身上，才可以在車輛的油箱倒入果醬，讓街上瀰漫彩色煙霧，空氣變甜。

〈兒童節事件〉這首詩往前看，是輯二最後的〈限制級烘焙運動〉，詩中仍然充滿水果口味、巧克力醬、字太甜等詞彙。「我們是誰」？他的答案是「某種充滿個性的餡／介於健康食品與毒藥之間」，這也是成人後（毒藥）的童心（健康食品）。往後一首，是〈那天，夢登陸府城〉：「還記得流連砲台上的童年嗎／快就定位／衰老已經攻上來了」，童年很容易被衰老攻上來，所以成人的童詩要比童年的童詩，來得長來得久！林德俊選擇成人而有童詩，不是在童年期發展童詩，是因為成年期長而童心無限。

「童」字的實質內涵表現在詩中，或許可以拿〈風雨之詩，不盡關風雨〉來思考。〈守〉：在暴雨不斷的水鄉澤國中，獨守家園的自是成人，但是他也獨守「一首泡水的詩」，這是童心的呈現。〈淹——室外篇〉：將濁惡的洪水，視之為「最愛喝的奶茶」，瀟灑的行徑不是因為哲理的醒悟，而是童心的歡悅。〈淹——室內篇〉：水淹及「胸」——「胸」的定義卻是「那年被你用全部的你擊中的地方」，雖是成年後的戀情，卻有純真童心的視野與角度。

「童」字的外在形式追求，很可能呈現出「童謠」式的排比句。在這冊詩集中，〈完全愛技十四行〉、〈複製人NO.LOVE〉、〈像我這樣行走〉三首詩，就以整齊的句型重複出現。比較三首詩的成績，可以發現：〈完全愛技十四行〉失之於過份童稚（也許用電視機的方式／也許用電冰箱的方式／也許用電風扇的方式／也許用購物場的方式／）。〈複製人NO.LOVE〉則又失之於太成熟、太老氣、太制式、太規律（看書的時候我複製你／複製你的呼吸以柔軟韻律攪動空氣／百無聊賴的時候我複製你／複製你的話語釋放蝴蝶拍翅的輕盈／寫詩的時候我複製你／複製你住在文字宮殿鎮壓我的孤單……）。兼有成人與童詩效果的則是〈像我這樣行走〉。

〈像我這樣行走〉，是一種自信的表現。「走在草坪上／腳印是綠色的」、「走在沙漠上／腳印是黃褐色的」，可以想見時時俯視自己腳印的那種蹦跳的童心童趣。不過，如果腳印一直在踩出顏色上不斷努力，相同的句型，不同的顏色變換，充其量，這只是「童玩」，而非童詩。詩人接下來的蹦跳安排在「冰河上」、「風琴踏板上」、「雲上」……，童心一路奔馳而去，詩心也一路奔馳而去，成人後的童詩繼續營造不同的景觀。

以這樣的「童」眼來看，詩集中最成熟完善的小詩，應是〈萬用筆〉中的〈漠筆〉：

畫出沙漠
可以用綠洲補救
畫出冷漠
還有什麼比這更荒涼呢

沙漠與綠洲的對映是童心，冷漠顯現的荒涼則是成人的詩心。雙雙構築成林德俊的世界。不可疏忽的是第一步，穩穩踏出的第一步：「『童』是一種視角、一種口吻、一種觸覺……。那不僅僅是簡單與稚氣，而是一種『真』，一種最最絕對的直接。」（林德俊〈自序〉）

二、詩這個星球

林德俊這本詩集的〈自序〉，定題為「老成稚尾」，對於「童」隱藏著魔力這件事，他不曾懷疑。對於「詩」的魔力，雖不在序中絮絮叨叨，卻在整本詩集中處處露出「詩」字，露出對「詩」的渴望。

輯五，直接命名為「詩這個星球」，以詩命名星球，跟蘇紹連的網站命名為「現代詩島嶼」，倒成了有趣的對比。三年級的蘇紹連重視的是台灣、島嶼、土地，六年級的林德俊使用「星球」，正是為了保有小王子一般的童心，顯示他對詩的狂熱。六年級的詩人曾經有一段時間風靡「以詩論詩」，林德俊會是其中的狂熱份子嗎？這些作品會是當時的時髦產物，還是詩人終身的信守？值得我們繼續觀察，也值得研究新詩社會學的林德俊自我觀察。

「一首詩隨電動車門驟然開啟」，尚未進入詩這個星球，只要輕輕打開《成人童詩》的第一首詩，詩就隨電動車門驟然開啟，我們開始在城市的身體中旅行，在詩的身體中旅行。

第二首，林德俊忍不住就已揭示：「詩是童年派來臥底的」。

而後，染上這樣的壞習慣：用一生兌換詩人的身分證。

關於詩，林德俊用「■」表示，「一個閉上眼睛／就會看見的世界／我寫不出來的詩在裡頭／無限大」。當然，這個「■」不一定是方形，有可能是●或◀，也有可能是★或◆或▶，重要的是：其中的黑，是無限。

「詩」這個字平均出現在各輯中，尤其是輯五的「深角度」、輯六的「詩這個星球」。

〈深角度〉裡的〈俯角〉，他看見每一隻螞蟻背上都馱著一本詩集「爬進我們生活的裂縫」。〈詩家偵探〉中，他認為單純從時間的指紋去找詩，靠記憶去找詩，都不一定可以找到詩，詩的線索存在於類似「童年形狀的腳丫載著滿是皺紋的老人」、「死去的父親從遺物中伸手握住你的手」、「煙霧與石頭的剪接」。在〈看法練習〉裡，抬頭、低頭、晴天、雨天，永遠看見詩，「在一個詩隨時要袒胸露臀的國度／閉上眼會看見什麼？」毫無疑問，當然是詩。詩是林德俊生活裡的重要信仰。這時，我們尚未進入「詩這個星球」。

「詩這個星球」的序言說：「星球以外的人類顯得過於快樂／他們無法體會／沈浸在輕微悲傷裡的／適度的愉悅」。頗有紀弦前輩〈狼之獨步〉颳起涼風颯颯，颯颯的過癮感。在「詩這個星球」專輯中，林德俊討論詩的功能（〈危險告示牌〉）、詩的作用（〈時間進行式〉、〈魔髮體操〉）、詩的形式（〈詩的長短論〉）、詩的內容（〈牧詩〉）、詩人的社會地位（〈最恨詩人理由千百款〉），整體而言，整部《成人童詩》可以視為詩的宣言。

我應該也是詩這個星球的長期居民，喜歡一輩子保有童心，贊同成人應該擁有童詩，所以樂於推薦這部《成人童詩》。

2004年春天　台北

林德俊：《成人童詩》
九歌出版社有限公司，2004年5月1日
ISBN13：9789574441396

穿心而過的月桂葉——我讀廖之韻之詩

孟子，一個傑出的老師，也不過教出萬章、公孫丑兩個優異的學生，萬章、公孫丑再了不起也不過出現在老師的著作《孟子》裡。荀子，一個傑出的老師，也不過教出李斯、韓非子兩個留在史冊上的名字，不過，李斯卻是第一個統一中國律法的政治家，韓非子則是從老師的儒家思想中出走，鑽研法家而集其大成的學者。作為思想家，性善、性惡論的孟、荀，孰是孰非，猶待辯證；作為教育家，強勢而辯捷的老師孟子，只在自己的書上留下學生的名號，拙於言辯的荀子，開放式的教學模式，似乎比較容易讓學生舒展所長。

因為之韻，我想起孟、荀兩位相異的學者與學生之間那相異的作風。

之韻是我的學生，她這樣承認，我也這樣以為。但是，因為想起孟、荀兩位相異的學者與學生之間那相異的作風，我在想：之韻真的是我的學生嗎？

之韻就讀北一女中時，我是她的國文老師兼導師，毫無疑問她是我的嫡系學生。但是國文教學是全面性的文類旅航與人格養成，而非專業的新詩教學，她與我之間不曾在字裡行間共同推求意象、敲叩音響，我與她之間不曾刻意要求限題發揮、定向聯想。或許就因為這樣，一如荀子之於李斯、韓非，雖然之韻號稱是我的學生，終究會翻起十萬個十萬八千里的筋斗雲，早早翻離如來佛的手掌。

廖之韻就讀北一女中時已嶄露頭角，在同儕中顯現出傑異的詩才，一九九四年爾雅出版社為北一女學生出版專輯《四季》，即以廖之韻代表所有作者題名書的封面，並以其作品〈四季〉作為書名，足見隱地先生也頗為賞識她的才華。〈四季〉與〈姬別霸王〉即是之韻當年參加「綠園文粹」徵獎，獲得「現代詩」第一名的作品。〈四季〉未收入這本《以美人之名》為名的詩集中，但可在爾雅叢書《四季》（1994）中見到。這首詩當然是在描寫四季的感覺，廖之韻顯現了她作為詩人的細膩與敏銳：

〈秋〉

剪一雙薄翼

飛向易感動的脈絡
用心托一個秋
無邊無際無岸無涯的降落
那可憐的西風，還不知我
和他擦肩而過
寫下了一個：
楓

薄翼的飛翔意象、容易感動的主位轉移、輕柔的脈絡、用心托秋的愁緒隱喻、西風與楓的季節感，將秋（愁）無所不在的罩臨著我們。如果熟悉文字學的拆合，還可以體會到詩中的「我」應該是一棵樹（木），「木」與西「風」擦肩而過才能寫下了一個：「楓」。因為「我」是一棵樹，所以「剪一雙薄翼」、「用心托一個秋」、「無邊無際的降落」，都得到了呼應。這種詩與文字的趣味，在十七歲的詩作中其實是不容易見到的。更不要提「脈絡」、「降落」、「西風」、「我」、「擦肩而過」、「楓」，交疊式的協韻安排，令人激賞。

〈姬別霸王〉則收入《以美人之名》的「千年之淚」輯中，從題目就可以看出有別於世俗大眾的「霸王別姬」，之韻不以傳統男性觀點回顧歷史滄桑，而以女性角色主動出擊，主動告別。高二的年紀，姬別霸王的認知，其實已奠下這冊詩集裡「千年之淚」與「名字」二輯詩的主軸，要從歷史的爬梳中見證女性的時代意義與價值。女性主義的覺醒在二十世紀末的詩作裡大幅吐露，但是，歷史意識的覺醒，卻很少在女性詩人中發出響聲。因此，這二輯詩的特殊角度將使《以美人之名》獲得角度特殊的美名。

廖之韻的詩作，常在流利的文字滑行中，隨意轉換思路而不讓人覺察，及至覺察，詩已滑行到另一河渠，或者另一個港灣，需要另一番思考，這樣的機智彷彿水行萬里，即令水草、淺灘、河階、巨石當道而猶潺潺不停，除非細辨，無法發覺那精微的調差；真的加以細辨，又不能不讚嘆那精微的調差正是迷人之所在。這「水行萬里」的暗喻，不就是「歷史」恍惚之處嗎？這調差的迷人之所在，不就是女性的視角所觸及的柔波、暗香？

陰柔的語言是女性詩人的專利，席慕蓉、夏宇的語言屬性也是婉約類型，但她們卻展現另一種既不屬於雄性、也不屬於陰性的內涵，席慕蓉詩作有其寬廣度與力勁，夏宇則顯現機智的趣味、出人意表的驚喜，廖之韻亦然，在柔和的抒情調子中述說的卻是類似神諭、又類似預言的傳奇，或者竟是主觀的真實，而常人不知。因此不能不讚嘆那迷人之所在，似可知又似不可知。之韻詩的迷人處，就在這裡。

將女性的情懷放在歷史中檢視，可能得到迷茫，如〈千年之淚〉：

該捨棄的
終究還是無法忘懷
紅塵下的羈絆
仍舊是放不下
風與花、雪與月的糾纏
是一段夢
是一場空
是時光流逝的剎那與月光交會
是人世間的認命撞擊宇宙的靜默
間雜著緣起緣滅的錯

但在「時光流逝的剎那與月光交會」的女性柔情中，猶有「人世間的認命撞擊宇宙的靜默」的壯懷。這就是史觀、史識的靈活穿透，即使是以女性主義為標的詩人也往往忽略而未能省察。

之韻的「女性的歷史」觀，與「歷史的女性」觀，讓她省察到應該尋找自己的名字，確立自己的名字，在歷史的祠堂裡。〈名字〉雖短，卻深具意義：

女人
一縷迷香的煙魂
在祠堂裡忘了

因此，這兩輯詩中，〈妳〉、〈千年之淚〉、〈七夕〉、〈河流〉、〈迷路的天使〉、〈女巫〉、〈女子〉……等詩，無不是以美人之名在尋找歷史意義。

之韻寫〈女子〉，利用尾生守信的故事，要跟洛夫〈愛的辯證〉辯證，洛夫〈愛的辯證〉是「我在水中等你」與「我在橋下等你」的辯證，〈女子〉與〈愛的辯證〉則是性別觀點的辯證。之韻寫〈五官素描〉，依然是要跟商禽中年落魄男子的感受相對應，商禽的〈五官素描〉是真實的現實寫照，之韻的〈五官素描〉則是用事用典的古典女子的憂傷。——這時的之韻，在跟男詩人爭歷史。

之韻寫〈女巫〉：「把你變成一隻狗／把你變成一根木頭／把你變成一個寶特瓶／資源回收／順便分類我們不在一起／不在一起我是／滿月的光」。彷彿可以看見一點夏宇「寶特瓶／資源回收」的味道，但夏宇卻絕對不會有「我是滿月的光」的女人的情與柔。——這時的之韻，在跟女詩人爭女性。

這就是之韻，以美人之名在尋找女人的歷史意義。這樣的詩思要延續到「後來」、「死亡」輯中的詩篇。以〈花瓶〉為喻：

哪一個朝代遺留下來或是
開始
靜默在一角地跟著人家的心情轉動
轉向門口正對的珠簾
掀起十來歲的嬌羞

首段表達的正是「歷史中的女人」，但末段表達的卻是「女人的歷史」：

再轉一個身
終於說出了話
剎然——
一陣心痛無限綻放

女人的歷史就要從花瓶碎裂開始，就要從之韻的詩篇開始，雖然會感受到「一陣心痛」，卻也是「無限綻放」！

2004年6月 寫於台北

廖之韻：《以美人之名》
寶瓶文化出版社，2004年7月15日
ISBN10：9867883772

卑微與惶惑：白凌詩中海陸喻象的依違

一、前言

日制時代的台灣詩人依違在殖民統治的日本文化、先祖渡海所攜來的唐山文化、現實河山所圍繞的台灣文化之間，有著卑微與惶惑：哪裡是台灣的出口？五０年代的台灣詩人忙著戰鬥戰鬥，以自己不熟悉的共產主義反證自己卑微的存在，一樣在惶惑：哪裡是國家的出口？六０年代的台灣詩人忙著向自我探尋，向自我挖掘，往個人內心深處企圖發現詩之祕境，同樣有著卑微與惶惑，哪裡會是生命的出口？七０年代的台灣詩人，扎根鄉土，肯認土地，期許自己，相信台灣；八０年代以後的台灣新詩人，在新詩工程尚未建構完成時，又迅速學會解構，仍然充滿著卑微與惶惑，哪裡才是人生的出口、新詩可能的出口？

菲律賓華人自有新詩寫作以來，一樣有著離開祖先熟悉的土地不能不有的卑微與惶惑，所以月曲了（蔡景龍，1941-）在問：「憑什麼追認我？」在眾多菲人聚集的異地，少數的華人要如何確立自我？在現實生活中，逐漸熔入菲人生活型態的大鎔爐之後，如何堅持維繫一線傳統文化體系，保留些許自我？

白凌（葉來城，1943-），一九四三年生於菲律賓，企管系學士，曾任菲律賓辛墾文藝社社長，千島詩社發起人之一，《千島詩刊》主編，亞洲華文作家協會菲律賓分會常務理事，菲華文聯文學顧問，菲華作家協會同仁，菲華文藝協會發起人之一，主編《正友文學》第一輯、第二輯，擔任《菲華文學》編輯等工作，是菲華詩人中詩齡超過四十年的第二代詩人，寫詩四十年之後，二〇〇五年夏季才出版他的第一本詩集，在菲、華文化的新舊糾葛之間、在新舊世紀交替之時、甚至於在往下一代探詢的華、菲文化衝撞之際，他的詩集存留了這種菲華詩人卑微與惶惑的歷史痕跡，因此以《白凌詩集》作為華人在菲律賓皈依陸與皈依海的依違之情，綿長的時間之流裡可以探悉細密的變化，最具意義。

二、卑微的海陸喻象

菲華詩人一直期望在眾「菲」與獨「華」之間辨認「我」的真貌，「我」到底是誰？這裡的「我」不僅是詩人私己的我，更是菲律賓華人的公我。我的面貌、我的心境、我的地位到底為何？這種惟恐失去自我、迷失自我的辛酸，形成菲華詩壇的一大特色。如早期雲鶴的〈野生植物〉就曾坦露：「有葉／卻沒有莖／有莖／卻沒有根／有根／卻沒有泥土／那是一種野生植物／名字叫／遊子」。這首詩前段以「層遞法」逼進，有的野生植物「有葉卻沒有莖」，有的「有莖卻沒有根」，有的「有根卻沒有泥土」，這是海帶、草菇，還是浮萍、苔蘚？藻類還是菌類？同是低等而卑微的植物，根、莖、葉的有無或種類，在這首詩裡其實並不重要，詩人所要強調的是「沒有泥土」的無所依恃，野生野長無人照顧的命運，這是遊子的心聲，華僑的寫照，遊子的辛酸，華僑的無奈！「我」——沒有泥土的野生植物，如何能不卑微，能不惶惑？

雲鶴的〈野生植物〉是沒有「泥土」的植物喻象，失根的花卉。如果有「泥土」情勢會改觀嗎？詩人白凌選擇動物，選擇所有動物中與泥土關係最密切的「蚯蚓」以喻華僑，蚯蚓時時與泥土相近相親，若是華僑與泥土有了繫連，處境是否可以有所改善？結果顯現在白凌詩中，卻是卑微更甚，惶惑加深，白凌之所以選擇「蚯蚓」，只因為蚯蚓形似「龍」而已：

〈蚯蚓〉

來自龍的故土
離家已遺忘年代
在時間的泥濘中打滾
唯一的尊嚴是
　埋首於黑暗的蠕動
受之父母的體　膚
　放任宰割
吞忍是造化的惡作劇
一把鋒利的刀刃
　切割日子

這首詩寫於一九九八年五月，印尼暴力排華時，華人所屬屋宇、商店遭受焚燒、劫掠，華人婦女慘遭姦殺、蹂躪，全球華人憤慨，「龍的故土」的中國政府卻未有任何實質上、道義上的援手。同樣是身居海外的「華僑」白淩，兔死狐悲，感同身受，因此以「蚯蚓」為喻，比喻在黑泥暗土中蠕動的華僑，徒有龍的外形卻只能任人宰割，其慘烈更甚野生植物。「蚯蚓」與「龍」，極大的落差！「龍」的騰躍形象，一直是華人社會所喜歡引以為傲的，往往自以為是「龍的傳人」，因而「龍」的虛幻、「龍」的四不像、「龍」的寄望之落空，卻也是華人社會深受打擊依然不知醒悟的喻象。菲華詩人和權就曾以「龍」的假象去寫「蝦」和「蟹」，他說蝦在億萬年前原是「龍」的族類，「在海外困居」之後已沒有龍昂首的雄姿，也沒有龍穿雲的豐采，只能在水族箱裡載浮載沈，繼續蕃衍；而「蟹」來自巨浪打擊的海岸，可左可右，可是遠離水域之後，不論走什麼路線，怎麼橫行，都無生機。

龍，虛幻的龍，華人世界喜歡去想望、去攀附的龍，但在現實生活裡，相對於龍，羈留海外的華人卻只是困居之蝦，不僅沒有龍昂首、穿雲的雄姿、豐采，更彷彿是黑泥暗土中蠕動的蚯蚓，任人切割，一無尊嚴。飛龍在天，蚯蚓在地，如此巨大的落差，是因為移民海外的卑微身分與惶惑心境所造成。類近於和權以「龍」的假象為喻的「蝦」和「蟹」，白凌也有〈蟹與蝦〉一詩，有著比較清醒的認知，但也因為這種清醒的認知，在踉蹌的腳步裡，令人感受到身分認同的悲哀。

〈蟹與蝦〉

蟹橫行著
卻不能一世
蝦成龍狀
卻不能騰躍
不管是爬
不管是趴
只能躺在異鄉的彩盤

已是歲暮
煮一鐔紹興酒
心事隨酒香
裊裊昇發
當鐔空而腳步
　踉蹌
我是蟹
　　抑或蝦？

〈蟹與蝦〉這首詩寫於一九八八年，早於〈蚯蚓〉十年，〈蟹與蝦〉是對自己身分長期惶惑的省問，「我是蟹抑或蝦？」這樣的問題，答案很清楚，不管是蟹抑或蝦，爬或者趴，都不能橫行一世，不能凌空騰躍（凌，也是白凌），只能躺在異鄉的彩盤，一樣任人宰殺、吞食。十年後的〈蚯蚓〉則是因印尼排華而起的詩興，仍然有著「龍」的虛幻想望，有著生物卑微的喻象（餐盤上、泥土裡），有著隨時被宰殺的恐慌。白凌詩裡的我，現實生活中的華僑，一直卑微、惶惑，不論是陸地上的蚯蚓，還是海洋裡的蟹、蝦。

三、惶惑的海陸依違

依於陸則是蚯蚓，依於海則為蟹、蝦，到底依於陸還是依於海?白凌早在〈異鄉人〉（1990）就已提到「兩種鄉音使我無所適從，彷徨揣測。」「兩種鄉音使我心跳成疾，成為一種心跳不止的絕疾。」在這首散文詩中，白凌認為依於海則「茫茫大海卻找不出乘風破浪的方向」，依於陸則是「北極星是我回歸的指南，多麼遙不可及與模糊的路程」。這時的白凌依違在海陸之間，不知如何選擇。

到了〈王彬街景〉（1997），白凌則已看出這種兩難式的抉擇其實也可以是兩種喜愛：「看路邊的水果攤販／擺列兩種不同地域的水果／叫賣著兩種口味／兩種喜愛／兩種鄉愁／看時間把兩種文化攪和／看夢在這裡生根」，仔細體會這首詩的最後，白凌面對兩種鄉愁其實都有著「喜愛」之心，相信時間會把兩種文化攪和，相信夢會在菲律賓生根。與前輩詩人林泉的〈王彬北橋〉相比：「我撐著傘／佇立王彬北橋悵望／時光在前／陰影在後／面對南橋／不知該向南或向北走／向南或向北路上／遍是先祖斑斑的足印」，林泉「不知該向南或向北走」的內心矛盾與掙扎比白淩更為深切，但時日推移之後，第二代詩人的白淩卻比林泉瀟灑，可以欣賞「兩種喜愛，兩種鄉愁」。

但是，真能這樣瀟灑嗎？寫於一九八七年，修飾於二〇〇四年的〈除夕〉，相隔十七年仍然透露著依與違的惶惑：

〈除夕〉

三代
肩膀靠著肩膀靠著肩膀
圍成火爐圍成圓圓的桌面
有的捧碗舉筷
有的刀叉齊下
細嚼一盤又一盤

道道地地的中國菜

吃罷年夜飯
夜已深沈
聽時間過境
等未來走近

驀然
一陣寒風
把祖母蒼蒼的白髮打亂
而我們
猛啃著雙重國籍
牽掛著兩種鄉愁
只有無知的小孩

聒噪著壓歲錢
追問著兩個新年

三代之間，其實逐漸有著不同的消長，「捧碗舉筷」的長者會被一陣寒風打亂蒼蒼白髮，中間一代如白淩者牽掛著兩種鄉愁，刀叉齊下的晚輩卻在追問兩個新年，準備迎向新世紀。可見惶惑的是與白淩年紀相彷彿的中間一代，在〈除夕〉（1987）這首詩裡，白淩的下一代的生活方式已經「刀叉齊下」；〈看中菲籃賽〉（1991）詩中，中國隊稍佔上風，菲隊忽來一記三分球時，「我不禁發出一聲嘆息／大兒子卻歡呼鼓掌」。為父親忌辰而〈燒紙錢〉（1990）詩中，幼兒忽問：「爸爸／將來你死之後／我還要燒紙錢嗎？」這些詩不僅記述下一代文化歸屬在潛默中移化，令人驚心；暗中，其實也透露出白淩的海陸喻象逐漸在推移，逐漸推向海，移近海。

白淩在〈風聽到　雲聽到〉（1993）中承認「我無法迴溯時間的源頭」，所以在風、雲、落日的見證下，「迎向海」，這時，家是遠了，出走的翅膀卻比雲輕快了些，比風涼爽多了！

在這之前，海在白凌詩中的意象是：現實裡的「潮起／波浪掠岸／汐退／卻有一些海水不走／鹹鹹地／留於風中結緣」的〈鹽〉（1987），有著鹹鹹的淚的隱喻。或是想像裡，因飲酒而起波浪的海，如〈卡拉OK〉（1987）：「酒是漢子的海／波浪興起時／杯子便容納潮汐」；如〈製造一個海〉（1992）：「日子是一些潮退的沈寂／搖蕩於肚裡的船／已因海枯而擱淺／製造一個海／飲酒是必然的過程」，這是人生低潮時以飲酒製造顛晃的失意情狀，海，有著顛晃的失意徵象。

但從二〇〇一年之後的兩年間，白凌一連串寫下〈吻浪村〉、〈寂寞〉、〈海誓〉、〈海浪〉、〈看海之一〉、〈看海之二〉、〈海的思念〉等七首詩，都是白凌與海的對話，白凌對海與詩的讚歌，透露著白凌的新心聲：

〈海誓〉

海浪把一首歌
重複吟唱

把歌詞
鑲鑿岩石上

擁有七千個島嶼的千島菲律賓是白淩生活的現實，擁有巴士海峽、南中國海的萬頃南海是白淩日常面對的風景，如果不以眼前的風景鑄造心底的風景，呈現新的詩之風景，做為菲律賓新住民的白淩，又該以什麼裝置自己的時空，擺設自己的舞台？因此，即使海浪的歌單調而又重複，也要重複吟唱，期能把歌詞鑲鑿岩石上。至於「龍的故土」，就讓留守故土的人去守護，去吟唱。

但是，當白淩轉身矚目海洋時，真能違棄陸土嗎？作為菲華詩人第二代的白淩，新的惶惑卻也在這時悄悄滋生：

〈海的思念〉

聳起的海浪
冥想

山谷深處是故土的深處，那是無法回溯的海的源頭。山谷深處的回音，雖然越來越微弱，卻在海的思念裡不停地迴響！因為，卑微一直是華文新詩的原罪，惶惑即是那不停迴響的裊裊回音。

四、結語

卑微的原罪，邊緣的惶惑，逼使著菲華詩人、台灣詩人思考自己與子孫的現實處境，思考生命與詩的靈魂之出路，白凌即是其中認真辨識「葉落歸根」或「落地生根」何者才是路徑的詩人。在海陸喻象的依違中，我們雖然看出白凌的為難，但也明確見到海洋召喚的力勁，白凌的傾斜：分割的陸塊要靠相連結的海去連結，殊異的文化要靠溫柔的水去連結。

所以，依於海，迎向海，惶惑就不再是惶惑。

海就是水，水才能使隔絕人心的「牆」隱退。白淩的〈牆〉（1995）這首詩為四百年前唐山過台灣的台灣人的祖先作了見證，他們選擇了台灣，容忍異己，共生共榮於台灣這塊土地。或許也會為一百多年前移民菲律賓、五十多年前移民台灣的華人預言：唯有蕩漾心頭的溫柔的水才能沖洗不同的膚色，使膚色剝落；唯有奔向相連結的海才能連結陸塊，使高牆遁隱。

〈牆〉

不同的膚色是人類的牆
分割地圖
殊異的文化是思想的牆
分佈在溫柔的水上
深入心靈的源頭

只有膚色剝落
讓盪漾心頭的水沖走
牆才會遁隱

這是卑微但不惶惑的哲理，值得菲華詩壇、台灣詩壇深思。如果菲華詩壇已有白凌努力以海作為自己思索人生的場域，那麼，被台灣海峽、巴士海峽、太平洋、東海所裹覆的台灣，何時才會向海洋索取詩的資源，確立自己可以卑微但不惶惑的乘風破浪的方向！

2005年6月12日　台北

葉來城：《白凌詩集》
文史哲出版社，2005年7月
ISBN10：9575496104

1．雲鶴〈野生植物〉，《菲華新詩選》，福建：福建人民出版社，1983年10月，頁33。張香華主編《玫瑰與坦克》，台北：林白出版社，1986年9月，頁174。在《玫瑰與坦克》中，「游子」改為「華僑」，以詩而言，「游子」較佳，以控訴力而言，「華僑」更具力量。結論卻是：游子、華僑都是野生植物，沒有泥土，無人照顧。

多音交響而成樂——《台灣日報》六月詩評

一、路寒袖與台灣日日詩

五月間隨路寒袖回他的母校台中一中，祝賀中一中建校九十週年，並跟一群愛詩的學子談談詩是什麼，題目是路寒袖定的：種詩・煮詩・賣詩。

我年歲稍長，先談。我從題目談起，「種詩・煮詩・賣詩」六個字，其實已點出詩的特性：其一，詩是講究音樂性的，「種・煮・賣」三字都是仄聲字，詩是平聲字，仄平、仄平、仄平，就是很好的音樂結構；種、第四聲，煮、第三聲，賣、第四聲，四三四，又有一種起伏的音韻變化；三個詞語的第二個字都是「詩」，當然有同聲協韻的效果，這就是詩的「聲」的和諧。其二，「種詩・煮詩・賣詩」三個詞，採用類疊修辭法，他們都重複「詩」字；這三個詞都是動詞加名詞，意指相近，所以是排比句，排比也是一種重複；自然界的一切都以重複的方式出現，如葉脈，如春夏秋冬；人類的生命、歷史的軌跡，也以重複的方式出現。詩，模仿自然，模仿人生，所以，詩也以以重複的方式出現。其三，「種詩・煮詩・賣詩」是把詩擬物化，將詩當作植物看待，可以種可以煮可以賣，種的時候會如何，煮的變化又怎樣，這就是詩「意象化」的過程。其四，詩應該有戲劇結構，有小說企圖，「種詩・煮詩・賣詩」這三個詞，會讓我們思考誰在種、如何煮、賣給誰、何時種、何地煮、為何賣等等，小說架構在想像中完成。這就是詩。

這就是路寒袖定的演講題。

其後，路寒袖提到他接掌《台灣日報副刊》時，即已決定每天登載詩作，登了一週後，我曾建議他為每日所登的詩立個專欄，譬如【台灣日日春】之類的，可以引起注目，擴大影響，這就是延續至今的【台灣日日詩】，不僅在台灣報業史上創下紀錄，恐怕也是獨步世界的金氏成果。七月之後，路寒袖帶著這樣的成果南下高雄文化局，我們一方面祝福他為高雄的文化注入日日詩的高效率成果，一方面期盼《台灣日報》堅強筋骨，日日經營台灣詩。

二、日日詩不是日日一詩

【台灣日日詩】立欄之始，跟我有些因緣。路寒袖離開編輯檯最後一個月的每月詩評，又交到我手上，因緣再深一層。因此，我費心鑑賞這些詩作，卻發現六月三十天，【台灣日日詩】不只發表三十首詩，也不是保守人士所想像的三十六首詩，而是一百一十六首詩，這一個月的數量即已超過《中國時報》一年所刊用的詩作，令人咋舌。

六月一開始的兩天都登載繫連油桐花與母親的詩，可能是因為母親節與桐花祭剛過，激動猶在。寫詩的兩位朋友文字清純，親情自然，顯然是全民「日日詩」運動下的成果。相較於第三天向明前輩的〈馬櫻丹〉，將馬櫻丹瘋狂盛開與自己的人生災難結合，以私處的頑癬比喻忍不住要去摘取馬櫻丹的美艷，這種成熟而老練的技巧，年輕朋友的清純、自然，仍然有其可喜、可取的一面。

接下來就是佔有巨大篇幅的〈男人六十歲〉，曾貴海的作品，包含八首詩，每首一、二十行，以台灣報紙的副刊版面而言，一日之間一百多行的詩作展出，可以說是巨大而光彩的版面設計，以一個上了六十歲的男人還願意寫這麼長的詩篇，可以說是毅力的發威，這二者顯示台灣詩人與報紙副刊的旺盛活力。曾貴海的〈男人六十歲〉前四首是在描繪自己與女兒、友人、妻子之間的互動，有時以設想的方式虛擬，有時藉由外物呈現，有時以冷靜的觀察傳達內心的激動，維持他一貫的生活詩面貌，但其中一首〈回聲〉卻以問而不答的方式示意，不藉助事象，不牽引人物，凸出於前三首之外，但還在生活詩的範疇之內，其後的四首詩，則完全逸出曾貴海既有的軌道，另闢令人詫異的蹊徑，試看〈春夢似無痕〉這樣的標題與詩句表現，絕非昔日曾貴海作品之氣息與氛圍，所謂「花之身以後的夢」說的當然是春夢，但這樣的說詞卻不是生活詩人的日常用語，「六十歲」，在新詩書寫的路途上，是否有著以另一種方式返老還童的可能？

〈春夢似無痕〉

成為花之身以後的夢
隨著四季的花容漂泊

澎湃的原始海洋
拍擊著潛藏體內的古老呼喚
重新張開眼睛的幽暗之國的兄弟
回到夢的老家團聚
偶而碰面凝視
充滿悸動的親情
沖擊白色波浪的高潮巨響
生的春夢
謎一樣的開在庭院外的枝椏
身上附著了幾片溫熱猶香的花瓣

三、日日一詩的小鄉鎮風情

六月份【台灣日日詩】最風光的詩人卻不是詩風微異的六十歲曾貴海，而是兩日之內登載五十一首詩作的康原，〈台灣詩情〉這樣的總題暗示著我們，這將是319鄉鎮走透透的壯舉，而且還透露出台語書寫的在地風格，只是有時候一詩一鄉，有時候卻是一詩一卷，又好像暗示我們：何止319而已！康原也是年近六十的作家，這樣的創作精力，讓我們感受到台灣人對台灣的愛，深深值得期待。

康原的詩作深受「囝仔歌」的影響，諧音押韻，從不或缺，念讀起來自有一種愉悅的感覺，彷彿走踏在鄉土芬芳的小鄉鎮遇到老友的那種自然與親切。

〈散步〉

綠色的菜股
赤色的田土
田頭的厝宅
庄內有電火柱咧顧路

手牽手行過林仔街
毋管是大風抑落雨

糖甘蜜甜的感情鬥陣行過
萬年里的愛情路

這是這一系列的第一首詩，寫的是員林市郊萬年地區的老年夫妻，悠閒的鄉居生活，有著鶼鰈情深的滿足，也有田野風光的適意，有著繽紛的色彩，也有「土、路、雨、路」的和諧韻腳。其他五十首，都保留這種念讀的喜悅，腳踏台灣土地的喜悅。

康原發表這一輯詩作的前一天，剛好刊出青年詩人方群的〈烏鎮——水鄉巡遊〉，二者做個對比，應該會有「有趣」的發現：

〈烏鎮——水鄉巡遊〉

青石的街道依然悄悄向晚
漫步妳零落的變焦鏡頭
被雨淋濕的寫生簿
還定格在眼神留戀的寂寞長廊

隨風飄搖的酒招，望著

頻頻穿過拱橋的擺渡歌聲
日記裡無法辨識的懸疑籤詩
是回眸顧盼的遺失亂碼……

烏鎮是中國江南水鄉，方群應用鄭愁予〈錯誤〉中「我打江南走過」的詩意，借用了「青石、街道、向晚」的詞語，襲用「回眸、顧盼」的典雅詞彙，卻又唐突套入「懸疑籤詩、遺失亂碼」的現代符碼，顯現誤入時空的錯愕與驚喜。這兩首詩，有著年齡的差距，文化的差異，有著選材的不同，語言的不類，但是都能貼切地表達自己的詩想，忠實於自己的所見所思。

中國與台灣的小鎮風情，華語與台語的語言風采，都可以是【台灣日日詩】書寫的對象與工具，這就是台灣，這就是詩！這就是台灣的可愛，詩的可愛。

2005年7月，寫於海棠過境時的台灣

路寒袖：《台灣日報・台灣日日詩》
《台灣日報》，2005年7月

從風裡走來的那人

你可以不認識陳益泰

你可以不認識陳益泰，就像你可以不認識蕭蕭；你所認識的蕭蕭說不定不是這個蕭蕭，而是另一個蕭蕭；即使你真的認識這個蕭蕭，說不定你所認識的蕭蕭也只是千分之一的蕭蕭。

你所認識的陳益泰，是教高中學生如何學習，如何國文滿點，將之編成手冊，有國學常識篇、也有基礎的字形字音字義辨識篇、還有語文表達篇的陳益泰嗎？你所認識的陳益泰，是在台東女中教書，可能教得最好也可能不是，可能最受學生歡迎也可能不是的陳益泰嗎？

你所認識的陳益泰，是黑板之前粉筆之左的陳益泰？是教科書之內參考書之外的陳益泰？

如果是，那你真的不認識陳益泰。

不過，你是可以不認識陳益泰的。

世界那麼大，人類那麼多，我們是可以不認識陳益泰的。學校那麼廣，老師離我們那麼遠，我們是可以不認識陳益泰的。台灣的公路那麼長，台九線有時在山間、有時在平原，花東沿海公路有時行人稀疏、有時車輛麕至，陳益泰有時在公路上奔馳、有時在林徑幽谷沉思，我們是可以不認識陳益泰的。

你不能不認識從風裡走來的那人

我們是可以不認識陳益泰，但你不能不認識從風裡走來的那人。

那人，從風裡走來，當然是一個旅者，但是他不是一個孤獨的漂泊者，因為他有一個以愛迴旋成的中心點，那就是國境之南台灣之東，他會走進大家熟知的台東，譬如都蘭山、知本溫泉、初鹿牧場、太麻里山脊、杉原海水浴場，卻會走出跟大家不相同的詩意，就以〈秋登都蘭山〉而言，大家都頂著無限藍的天空攀登而上，他卻說：「手攀著手攀著手攀著／海拔之外的／虛／無」，很多人上山採花，他深不以為然：「設若人間無愛，心中的花也會開成骷髏」，這就是他以愛為中心所旋生的詩。再看〈白沙灣風情畫〉，他以時間划向海域這麼龐大的意象，寫自己的回憶之船慢慢逆溯，將杉原海水浴場盪向無限開闊的無形場域，不拘泥於有限的柔細白沙、海面碎鑽，最後卻結束於一個小貝殼，「小貝殼已孕滿整個夏天的風濤了／想必　它一定也／懷藏了我們的／小秘密」，如果沒有前兩段的龐大與開展，那「孕滿整個夏天的風濤」也就不具說服力了！「懷藏我們的小秘密」也就無法引人共鳴了！這樣的白沙灣，是從風裡走來的那人敏銳的感受、特殊的品味，所旋生出來的詩，那是我們所熟知的台東，卻飄著我們不熟悉的芬芳。

從風裡走來的那位旅者，當然更會帶引我們走進大家不熟知的台東，否則他就不是風中穿梭、風中呼嘯的那人。譬如「琵琶湖」：「露濕的小徑盛情地伸向湖邊」、「徘徊在天際的雲影　映照澄碧湖面」，台東的詩人朋友有誰曾經彈奏過呢？譬如「雲山圓」，有誰告訴過西部的人：那是「春到何處　歌到何處／綠有多長　歌有多長」的地方，那是可以「忘記生命的奧秘與存在的意義」的所在！

台東傑出詩人，早期的「繆思的女兒」夐虹，寫過〈台東大橋〉之後，參禪念佛去了！「用革命的態度對待現實，以實際的行動改造世界」的詹澈，仍然率領著農民思考WTO進來之後如何降低傷害。他們不是旅者，不會導覽台東，他們有更大的宏願，無暇於此。只有從風裡走來的旅者，細數屬於台東的藍天碧波、陽光沙灘，讚嘆東台灣的嵯峨蜿蜒、煙嵐水泉。

只有從風裡走來的旅者，會打開心靈的那扇窗：

打開那扇窗
讓景物流進你的眼眶
開遍山野的妍花
曳行天際的雲彩
交響悠揚的鳥囀
枝葉掩映的繁蔭
一一地印在你心坎

打開這扇窗
迎向世界的另一端
波濤洶湧的潮水
遼闊奔放的莽原
都將隨著微風
飄進你我的天堂

——〈打開心靈的那扇窗〉

因為打開心靈的那扇窗，台東所有的美：山海的美、人情的美、文學的美、攝影的美，都呈現在這首詩、這冊詩集裡，因為它們先呈現在從風裡走來的旅者的心靈視窗上。

那心靈是細膩的，就像〈再別金樽〉兩首詩中，他說：「幸福永不超載　如若／天涯與海角適切地重縫了／用親切溶化隔閡／以關懷取代祝福／給一次驚喜與真　不說怨悔遺憾」！他又說：「一點塵念繫住牽掛／溫暖中的深意最懇切／留下許多不捨／轉身之後便成繾綣」。就是這樣的一點繫念、一點不捨，他以愛迴旋成的中心點，是台東、台東女中，是美，是詩，讓我們不能不注視，那旋轉開來的溫柔的半徑。

我們不能不認識的，從風裡走來的那人，會是我們所認識的陳益泰嗎？或許我們也該隨著他走進台東的風中，聽那不盡的蕭蕭、無盡的繾綣！

2006年元月　寫於台北

陳益泰：《從風裡走來——旅遊詩集》
台芝出版社，2006年7月1日
ISBN13：9789867671202

《現代詩學》增版新序

「現代詩學」是一個龐大的論題，要累積多少詩人的心血結晶，輝煌的藝術成就，還要有多少論者注視這些創作、重視這些創作，加以翻揀、探尋，溯源、探根，演繹、歸納，著論、立說，才可能隱然成形。

二十年以前，我以一般論文的方式踏出第一步，在只有詩作而無論述的荒地裡建造一座草堂，今日看來，缺乏鋼骨水泥的架構，金碧輝煌的裝潢，但是卻有一股真摯拙樸的親切感，不會讓大眾在害怕新詩的同時也畏懼新詩批評、新詩理論。如果將此書定位為：在《現代詩導讀》之後的另一種現代詩導論，或許更具有她的歷史價值與意義，因此可以導向真正現代詩學的建築與裝置。

這二十年，我仍然在推廣現代詩、建構現代詩美學上奮鬥，不曾有一日稍懈。這些論述，另成專書發行。至乎延續這本《現代詩學》的論著，需要另一個五年至十年才能完成。因此，在初版數刷之後，對於二十年前的《現代詩學》，我做了以下這兩個方向的調整，期望能在新詩教育的養成上，繼續引領青年學子在這個道路上挺進：

一是整本《現代詩學》的寫作是在台灣戒嚴時期完成，文化中國與現實台灣都混稱為「中國」的時代，因此，這次的修訂重點放在台灣與中國的時空如何釐清這點上。《現代詩學》初版於一九八七年四月，出版後三個月台灣才解嚴，台灣新詩、台灣文學之名才慢慢為大家所接受，所以，趁著改版的機會，我將時空釐清，文化中國與現實台灣因而有了清晰的面貌。這件工作看似容易，其實不然，不是把「中國」改成「台灣」即可，與「現實環境」相同，牽涉甚廣，頗費周章。至於觀點，則甚少改動，頂多是青年詩人如向陽等人，二十年的時間已經不再年輕，詩業有成，所以去掉「青年詩人」四字而已。如此，《現代詩學》這本書或可見證我個人或台灣詩壇，如何由文化中國的視野，慢慢轉向現實台灣的鬥志信心，如何從傳統詩話的即興演出，轉為當代詩學理論的系統建構。

二是原版《現代詩學》分述三論：現象論（12篇）、方法論（20篇）、人物論（5篇），顯然人物論的篇章較少，因此，所謂增版，所增的是人物論的七篇相近時期的作品，如此，架構勻當，不會有失衡之慮，掃除二十年來心中的不安，也是一件快事。雖然「人物論」仍未做全面性的歷史探索，那是《台灣新詩發展史》應有的企圖，但側重於藝術特殊點的闡述，可以驗證現代詩的現象與方法，仍然值得學子與學者參佐。

作為現代詩學建構裡的第一塊磚，《現代詩學》仍然有其導引之功，對於台灣現代詩血脈的梳理與貫通，依然有著全面鳥瞰的功能與按圖索驥的作用，不揣簡陋，再度呈現，敬請示教，期能對進行中的另一部新的詩學論述有所啟發。

2006年6月寫於台北

蕭蕭：《現代詩學》
三民出版社，2006年7月5日
ISBN10：957192833X

逐漸靠近又逐漸超越

初次跟瑞騰見面，是他在華岡上大學的時候，那時他已經寫了一些傑出的詩評論。洛夫與我冒著小雨，撐著一把小傘，到陽明山上他賃居的小房間談詩，沒有酒，沒有茶，只有冷冷的山風在屋外呼嘯。洛夫是關心詩評論如何建構的前輩詩人，瑞騰與我則是年輕一輩企圖以傳統詩學為台灣現代詩樹立詩學體系的研究者，三個人的話題始終冒著熱氣，不知屋外多少冷風冷雨，瀰天蓋地。

這樣的熱氣，其實一直昇騰在瑞騰與我之間，後來我們創辦《台灣文學觀察》雜誌，與更多的詩友合辦《台灣詩學》季刊、學刊，我總是一再讚嘆他的統御、組織能力，思辨、推理功夫，佩服他既能沈潛於冷僻的學理中，又能悠游於不同的人脈系統裡，治學與處世兼擅，古典與現代齊驅，是學界不可多得的人才。

跟成長後的時雍相見，也是他大學最後一年專注文學的時候，遠在中國東北長白山上，我們一起參加在長春舉辦的詹澈詩作學術研討會，時雍與白靈、阿鈍、我，是台灣與會的詩評論代表，小小年紀就參與大型學術會議，一無懼色，頗有乃父之風。

我跟白靈說，時雍的論文內涵，甚至超越了大學時期的瑞騰。白靈說，瑞騰兄聽了一定會難過。我說，不會，世界上，老師說不定會嫉妒學生的成就，父親絕對以兒子的成就為榮。

最近，他們父子以《你逐漸向我靠近》為名，出版對話錄，可以證明這種供給與汲取的互動經過。而且，我還相信：不僅是逐漸靠近，必將會逐漸超越。

總是在極高的山上初識他們父子，這種機緣是否也預示他們文學的成就，終將令人仰望！

2006 年暑假　寫於台北

李瑞騰、李時雍：《你逐漸向我靠近》（散文）
九歌出版社，2006 年 9 月 26 日
ISBN10：9574443450

燦亮的心靈，明亮的調子

一排排，無與倫比的，氣勢
一尊尊，巧奪天工的，雕像
一簇簇，前呼後擁的，過客
一聲聲，情不自禁的，吶喊

這樣的排比句，誦讀起來是快樂的——作為張默的讀者是快樂的。

作為張默的讀者是快樂的，因為作者張默擁有一顆快樂的心靈，燦亮無比。這四句出現在張默的〈初訪查理士橋〉，正可以用來形容張默旅遊世界詩與攝影合集的最佳精神寫照，尤其是五十三首海外詩帖，時時出現以排比句造就的氣勢，去造就希臘、羅馬的氣勢；以排比句造就的一尊尊詩句雕像，去塑造雕像式的天工。我們彷彿與張默同車旅遊，可以感受到同遊的熱情與興奮，可以聽到他內在的、心的搏動，情不自禁的、血的吶喊。

勃勃跳的心，是快樂的心。要想進入張默的詩，先要具備詩人這種快樂的因子，保持這種快樂的激素。

勃勃跳的人，是快樂的人。要想認識張默的生命，一樣要具備詩人這種快樂的因子，保持這種快樂的激素。

——而旅遊，豈有不以快樂的心境出帆？讀旅遊詩，豈能不以快樂的心同臨其境？所以，快樂出帆吧！我們要在張默的旅遊中發現「詩」。要在他一生所堅持的明亮的調子裡，感同身受那異國的人文、燦亮的心靈。

但「詩」是「寺」之「言」，顯然詩又需要一種專注、寧靜、虔敬的心，要在快樂的激素裡找到生命持久的那股定力，那是一種急速沸騰之後的飛騰，一種眾聲喧嘩之後的昇華。張默的旅遊之「詩」，就是這種投入陌生之地所激發的生命迴響。

所以，他會「忘卻歷史」，因為歷史「祇是空空洞洞的破長衫一件」（〈巴戎廟小立〉）。所以，對於巴黎鐵塔峭壁般豁達的風采，他說「就讓它與雁陣與浮雲與大寂寞一同比翼飛翔吧」！對於威尼斯的水，他可以讚嘆它們平分初夏新綠的景色，卻也看出這是丈量人間溫度的憑藉。所以，在聖達費荒原，他認為「無人宮殿」早就豁出去了，管它什麼人間的冷暖與滄桑！而懸崖的野花，像一隻隻蛺蝶，就要飛向青空的極處！——這是投入陌生之地，轉換歷史空間，所激盪出來的生命的迴響，智慧的火花——這就是詩。

旅遊，必定有所「觸」；詩，卻是觸之後必定有所感的「感」。觸的是：一排排的氣勢，一尊尊的雕像，一簇簇的過客。感的是一聲聲情不自禁的吶喊。

異於其他旅遊過客的，張默的感觸卻是生命觸擊歷史的那一聲聲迴響，要在詩的長廊裡嗡嗡不已。

如果，它是光，能吸納所有的雜音

如果，它是花，能芬芳所有的嗅覺
如果，它是美，能擁抱所有的璀璨
如果，它是願，能拍擊所有的綺思

以張默〈初訪查理士橋〉的詩句來看待他的海外旅遊詩篇，我們可以感受到快樂出航時那勃勃而跳的心，同時也感受到旅者因見多而識廣所閃現的智慧，那是吸納雜音、芬芳嗅覺、擁抱璀璨、拍擊綺思之後的智慧，張默旅遊詩的重要特質：樂山水以啟智慧，就此顯現而出。

生命本身就是一趟有時可以設計、有時無法掌控的旅程，張默以活躍的生命力去觸碰他鄉異地，廣達五大洲、四十國，接觸面既多，引爆點無法勝數，因而觸發的靈光，那卻是觀光者意外的發現，讀詩者快樂的收穫。

更不要說，在張默的詩中常會偶遇但丁、普希金、托爾斯泰、果戈里、杜思妥也夫斯基等聖哲，那是一種陌生地巧遇熟人的驚喜，因而又敲開了另一扇小窗，望見不可思議的幾道光。

閱讀張默旅遊詩，如此驚喜地經歷生命裡許多的驚喜！

2007年4月　台北彰化旅遊途中

張默：《獨釣空濛》
九歌出版社，2007年6月25日
ISBN13：9789574444199

生命轉彎的喜悅與智慧

詩人佛洛斯特（Robert Frost）說：「詩，始於喜悅，終於智慧。」

「隱地體」哲理小品，始於何處，終於哪裡呢？

「隱地體」哲理小品的起點，依我看不是生之喜樂，卻是生命的苦澀。終點卻又不止於智慧，每一則、每一篇、每一書的閱讀終點總是指向：生命轉彎的喜悅與智慧。

能夠體會出「生命轉彎的喜悅與智慧」，生命，永遠在出發，永遠走向喜悅與智慧！

——生命，也就無所謂終點了！

一般論者將隱地的寫作史概分為四個時期：二十世紀六〇年代為小說時代，七〇年代為廣義散文時代，八〇年代為狹義散文時代，九〇年代為新詩創作時代。但是，不論隱地寫小說、評論，或是寫散文、新詩，其實都是以冷徹的眼、熱切的心在觀察人性；都是對現代人的生活與處境有所辯證、有所省思，他所觸及的包羅人生各階段，自呱呱墜地而童年、少年、中年、老年，包羅人生各層面，戀愛、擇偶、婚姻、失落而城市游獵，呈現出一位知識分子對現實社會、生存環境的嘲諷、建議和企盼。就像他在〈文學．出版．夢〉這篇文章所說：「只要有人在，文學就在。文學就是人生。人生當中的恩怨情仇、喜怒哀樂、甜酸苦辣……，希望和無奈，歡樂和悲傷，以及生老病死，慾望受挫，輪迴……種種人生的幽微曲折，困頓纏繞，文學概括承受，也是文學取之不盡的永恆題材。」

「隱地體」哲理小品，包括：《心的掙扎》（1984）、《人啊人》（1987）、《眾生》（1989），企圖為這種「人生的幽微曲折，困頓纏繞」尋找出口。

「隱地體」哲理小品，是潛入人生底層實際體驗，而又回頭沉澱自己的生命格言；是深入思考之後，淺淡敘說的智慧結晶。一般所謂的散「文」強調鋪陳之功，隱地的這種語錄體寫作，卻像雨露那樣晶瑩剔透，像火花那樣璀璨閃爍。鋪陳的散文，展現面的錦繡之美；語錄體的語言，突顯點的聚焦之功。

小說家隱地原來擅長以故事的敘說手段，傳達思想內涵，後來常用散文的敘述手法，表達生活體悟，到了《心的掙扎》、《人啊人》、《眾生》三書，卻改用更為精簡的語言，含不盡之意於其中。使用的文字越來越簡短，小說家隱地之所以轉變為詩人，其間的脈絡有跡可尋。這《心的掙扎》、《人啊人》、《眾生》就是小說家隱地、觀察家隱地，智慧濃縮、思想濃縮，而後舒展為「詩」的重要過程，譬如「人生是一面鏡」、「人生是一盞燈」、「人生是一座鐘」、「人生是一個結」，言簡易眩的體悟，具有晶體的硬度，如果舒展為形象用語，那就是隱地的詩。

《心的掙扎》是自我生命的探索，《人啊人》則是我與他者之間的糾葛與對應，《眾生》已有超脫現實之外的領悟。這三書都是用幾句簡潔的話自成一小節的寫作方式完成，一般稱為「語錄體」、「格言體」，《論語》就是語錄體最早的書籍，可見這種文體適合於表達人生的體悟、生活的感觸、生命的讚賞。這三冊哲理小品發行極廣，影響頗大，因此也有人稱這種文體為「隱地體」。如今將這三冊「隱地體」哲理小品合集為《人性三書》，相信會散發出更大的影響力。

「純正無邪的寫作心態」、「率真鮮活的詩性情態」、「純淨平實的自然語態」，中國詩評家沈奇曾認為隱地以此「三態」構成他詩作的基本質地（作為精神向度的歸真和作為語言向度的返璞）。如果以這樣的三態，來看隱地的《人性三書》，其實更為恰當。因為隱地是一個將生活品味、文學品味與出版品味疊合為一的有品味的人，《人性三書》因而時時漾現純正心態、常常保持詩性情態、處處顯露自然語態，《人性三書》也因而證明隱地是台灣都市文明的見證者、人性真實的探索者、文類格局的突破者，《人性三書》將會讓更多的人體會出「生命轉彎的喜悅與智慧」！

2007年5月 寫於明道大學

隱地：《人啊人》（《人性三書》合集，小品）
爾雅出版社，2007年7月20日
ISBN13：9789576394461

創世紀的伯樂與伯樂的百駿圖

台灣的現代詩評論已從印象式批評、讀後心得報告，走向樹立個別理論體系的路向，如葉維廉與張漢良中西學的體用合攻，向陽的年代現代詩風潮試探，白靈《一首詩的誕生》、《一首詩的玩法》的方法論推廣，鍾玲、李元貞的女性詩學闡微，孟樊的流派追蹤、後現代論述，簡政珍《台灣現代詩美學》的布置，甚至於年輕學者阮美慧、解昆樺對笠詩社、創世紀詩社的發展、比較的社團論，丁旭輝對圖象詩、陳巍仁對散文詩的探究所發展出來的新詩類型論，鄭慧如拆解詩的細部觀察而又匯為大觀的特殊觀點探索，須文蔚的數位詩展望，林于弘的分類學，都已有顯赫的成績，儼然形成花繁葉茂、碩果累累的大景觀。

同時，中國學者朱雙一的《戰後台灣新世代文學論》、陶保璽的《台灣新詩十家論》、陳仲義的《現代詩技藝透析》陸續問世。如果再加上李元洛、古遠清、古繼堂、沈奇等人更早出版的論述，台灣現代詩的發展已經受到相當多的矚目，微觀者有之，宏觀者有之，縱切者有之，橫剖者有之，點式直擊者有之，塊狀鋪陳者有之。台灣現代詩論述，成為海峽兩岸學者無形的競技場，大家樂觀其成。

因此，山東籍的章亞昕匯集多年來所撰述的，有關創世紀詩社的詩人個論，再加上新增的詩社綜論，完成《情繫伊甸園：創世紀詩人論》一書，付梓印行，為台灣現代詩論述再添一樁美事，令人歡欣。

《情繫伊甸園：創世紀詩人論》以詩人個評為重心，細數創世紀詩人個人風格的形成，都有獨到的見解。如以空間的超越論商禽，以時間的鐫刻說張默，兩相對比中掌握了兩人詩作的特質。如以文化錯位觀論葉維廉，以文化相對論談王潤華，對於長期生活在台灣以外的詩人，有著深刻的觀察與判讀。如以「行者」喻管管，以「史人」斷大荒；以「良知」細寫辛鬱，以「第三波」肯認杜十三。彷彿創世紀擁有數十四神駒，章亞昕以伯樂之姿一一點醒。

不過，我更有興趣的是「綜論」部分，如何將創世紀放在台灣新詩發展史上，如何確立她的歷史性價值與地位，甚至於創世紀詩社的典律與霸權如何消長，與其他詩社的互動形式與規模又如何開展。特別是《情繫伊甸園》「綜論」的前四篇，為我們預告了龐大的體系：

滄海桑田：創世紀的時空意識
超越現實：創世紀的文化精神
追求純粹：創世紀的意象語言
邊緣處境：創世紀的史冊蘊涵

這是一個論評者的重要發現，可惜限於出版時間的急促，未做詳盡論述。所幸章亞昕「情繫」創世紀這個「伊甸園」，在他自己這樣輕輕點醒之後，期待他沈潛自己，審視台灣，慎思風潮，明辨氣象，為這個龐大的詩學系統，再做闡述，為台灣現代詩的蓬勃，再加鼓舞。

2007 年暑假之初　台北

章亞昕：《情繫伊甸園：創世紀人物論》

文史哲出版社，2007年8月8日

ISBN13：9789575495725

靜谷幽蘭的心境

讀王維的詩，喜歡他的空山，喜歡他的深林。

所謂空山，不是整座山空無一人，甚至於空無一物，那樣的空山反而讓人心驚；王維的空山是視覺上看不見人，但不是無人的空山，隱隱約約聽覺裡可以聽見人語響，一種生命力的勃動，是的，人在，人是一種悠悠靜靜的存在，與大自然萬物一樣聲息，充滿生機卻靜靜悠悠，這才是王維的空山。

所謂深林，不是人跡罕至的地方，而是我們可以攜琴、鋪琴、悠然彈琴的地方，可以低吟、高歌、長嘯復長嘯，不會驚起山鳥的所在，卻也是喧囂車馬的人所不知的地方，他們的心無法企及，這時自然的生命力表現在那一叢叢的幽篁裡，生氣勃勃而猶靜靜悠悠，這是王維的深林。

這樣的王維的空山、深林，是周艾散文集《歲月靜好》裡的「靜好」，是心靜、身靜、境靜才能感受的美好。這樣的周艾的「靜好」，不一定要到僻靜的山林中尋找，有時就在都城的一隅，吵雜的角落，也會有獨坐幽篁的意境；這樣的「靜好」，也不完全是東方人的專擅，喜歡流浪的周艾會在世界的許多地方不期而遇，因為她知道「以天涯海角、山巔水湄為道場，藉漂泊孤寂來凝煉、澄淨身心，從浪遊中去歷遍愛欲生死的糾纏，從追尋探索中去覺醒徹悟。」心是靜好的，所以任何所在都可以是靜好；人是靜好的，所以任何事物都可以是靜好的。即使分成三輯：輯一是〈如歌行板〉，唱出平凡歲月心靈悸動，輯二為〈紅塵夢憶〉，回首故人往事斑斑刻記，輯三是〈流浪的眼〉，看盡萬水千山行旅跡痕，這些全歸入心靜、身靜、境靜的美好。

其實在王維的空山、深林裡，並不完全只是王維與自然生物的聲息相通而已，在〈鹿柴〉這首詩裡安排「返景入深林，復照青苔上」，以夕陽淡柔的餘暉，淡淡的光影，反照深林中；〈竹里館〉中即使「深林人不知」，仍然會有溫柔的「明月來相照」。這樣的光影設計，周艾在她的散文集《歲月靜好》裡，是以「歲月」來探照的，空間的靜好加上時間的光影，這「情境」就有了「景深」，這「人間」就有了「溫度」。

初識周艾是在輔大的校園中，那時的她正是張潮《幽夢影》裡說的「所謂美人者：

以月為神，以詩詞為心。」重逢周艾是在景美女中的椰林裡，多少歲月浸染後，她仍然保有明月之神，詩詞之心，看見歲月的靜好，靜靜享受生活的靜、生命的好。

讀王維的詩，喜歡他的空山、深林。讀周艾的散文，不能不喜歡她靜谷幽蘭一般的心境，在悠悠歲月中隨她好、隨她靜。

2008 年初春寫於台北盆地

周艾：《歲月靜好：50 篇讓心靈深呼吸的人生筆記》

中正書局，2008 年 5 月 1 日

ISBN13：9789570918052

新的江湖氣

咱攏知唱台語歌佮唱國語歌，氣口不仝款，聲嗽不仝款，滋味享受，佇咱的心肝頭都有完全不相仝的感覺。用台語、客語唸古詩，會當完全接近古詩原有的聲韻跟滋味，比起北京話好聽幾十倍。台語新詩呢?台語新詩按怎去找著家己的芳味?勿會呼儂看無點;美麗的山水，水氣的言語，不通呼儂當作無聲無說。

用台語寫詩，真濟前輩已經行在頭前，長青在詩的創作技巧上，早就有《落葉》詩集的基礎，願意跟隨前輩的腳步，往台語詩這咧方向發展，咱樂觀其成。

詩，無分古今，攏是語言佮現實的交談、對話;詩，無論是用台語、國語，攏仝款愛用風雨雷電、草木禽獸，創作新的世界。詩的本質勿會變，即點不免懷疑，詩的創意不通放棄，這亦是詩人的責任。長青《江湖》台語詩集佇即方面攏有認分，做到徹底。

一般人寫台語詩，免不了大聲呼喊，粗腳重蹄，好親像這卡是講台語、寫台文的唯一方式，這卡是台灣人講話的模式；一般咱所看著的台語詩，總是以鄉土題材為限，以本土意識為重，好親像台語詩簡那有一款面貌，簡那會當寫一項題材。即擺長青的《江湖》完全脫離一般人對台語詩的既定印象，消除台語詩就是「本土」、就是「鄉土」的限制，表現出台灣多元文化的特色，為二十一世紀的台語詩行出全新的路向，行出全面正確的未來。

二十一世紀，台灣人已經坐「高鐵」南北二路咧走，坐飛機歸粒地球踅透透，台語詩的未來，應該有全新的「江湖」氣，至少長青是一個勇敢的台灣人，伊行出佮人不仝的江湖，因為伊瞭解「人在江湖，心事應當遼闊明朗」。

2008 年 6 月　寫於南彰化　明道大學

李長青：《江湖：台語詩集》
聯合文學出版社，2008 年 10 月 20 日
ISBN13：9789575227890

北斗新星吳柳蓓

關於吳柳蓓這個人，你熟悉嗎？

——親愛的讀者，我不是問你，而是問我自己。

而且，問了好幾回。

答案都不相同。

不盡相同，所以也不盡滿意。

我曾經很勇敢地邀請她加入明道大學的國文教學，那時，她只告訴我，她是北斗人，愛好寫作，我甚至於連她的散文都沒看過幾篇，就請同仁安排她的授課課程了。仔細想想，「北斗人，愛好寫作」這幾個字，不就夠了嗎？讓台灣人享受雅靜醇厚的散文之美的林文月，「北斗人，愛好寫作」；讓台灣人勇於追求前衛的新詩表現的林亨泰，「北斗人，愛好寫作」；甚至於鄉土詩人吳晟、農民詩人詹澈，書法大師杜忠誥，他們雖然出生於溪州、埤頭，仍然隸屬於大範圍的北斗郡之內。「北斗人，愛好寫作」，可以是藝文界品質的保證哩！果然，每一學期結束時的教學評鑑，吳柳蓓的「當代文學選讀」都得到高分肯定。

然而，關於吳柳蓓這個人，我還是不熟悉。

譬如說，她的作品裡有〈禾坪上的女子〉這樣的篇章，「禾坪」，很美的字詞，第一次看到這個詞語，我想會是我們所熟悉的「稻埕」嗎？我們大多習慣於因襲前人的唾餘，她卻一出手就獨創自己的詞語，「禾坪」比起「稻埕」優雅多了。若是，〈禾坪上的女子〉這樣美的題目，應該有著相似於林文月的舒緩語氣、醇美的厚度吧！應該有著類近於女子的柔美、禾坪的溫馨。然而，出乎意料之外，這卻是一則深情的悼亡故事，萍水相逢的女子，細膩的情意流蕩，從中微微洩漏出惆悵些許。你會發現，這樣的惆悵情思，卻一直是她散文的底流，總在不經意處噴濺幾滴，或者流露幾許，在你的眼角，或者心底。

她的散文集《裁情女子爵士樂》要出版了，當然，這又是一個我或者我們難以索解的書名，什麼叫做裁情？為什麼裁情？裁什麼樣的情？什麼樣的裁情女子？什麼樣的爵士樂？在我的腦海裡曾經繞著這些疑惑，即使在我讀過〈裁情〉這篇戀父卻又疏離自己與父親尺寸距離的散文，疑惑還是迴繞不已，是不是所有的情愛都要這樣迂迴、這樣糾纏？裁是裁切、還是裁製？情要裁切、還是裁製？這樣的疑惑是人世間的情網所以織就的因，還是人世間的情網所以形成的果？繼續閱讀她獲得第十一屆台北文學獎散文首獎的作品〈小黃之城〉，藉著一位計程車司機不分晝夜的辛勤，去襯托全天下的父親的苦與愛，仍然將愛與因愛所受的苦深深埋藏，感動的淚總在無人的地方悄悄滴落。這就是裁情嗎？這就是我們可能熟悉的吳柳蓓嗎？一個深情的女兒。

近三年，吳柳蓓接連獲得菊島、大武山、東港魚鄉文學獎，全國性的林榮三、梁實秋文學獎，是不是就從這樣深情的一個女兒的溫柔內心旋起？是不是因而旋出火車站的草粿味、曠野的牛臊味？或許這是我也熟悉的濁水溪畔的人子、易於激動垂淚的心。

不過，吳柳蓓只屬於北斗嗎？林文月、林亨泰只屬於北斗嗎？吳柳蓓的散文篇章裡有許多情慾的描繪、人性的探索，她的散文是二十一世紀的曖昧拼貼著上一世紀的深情，是不同於林文月的溫婉、林亨泰的簡約，因為她穿梭在不同的世紀、不同的鄉城、河港與海灣，她在瞬息萬變的多元台灣變化自己。

關於吳柳蓓這個人，你熟悉嗎？

——我是在問你，親愛的讀者，也是在問我自己。

我們可能要問好幾回。

答案不一定相同。

因為不盡相同，所以我們會繼續閱讀這顆新星，她發出來的星輝有著讓人驚喜的色光。

2009年2月28日寫於東螺溪畔

吳柳蓓：《裁情女子爵士樂》（散文）
遠景出版社，2009年12月1日
ISBN13：9789573908814

白是所有生命色彩的反射——我讀《白袍底下》散文集

醫師是一個專業而令人肅然起敬的行業，我生平尊敬的人時有更易，唯獨孫中山先生不曾代換。孫中山，不是紙鈔上的孫中山，而是活生生的孫中山，脫下白袍、披上戰袍、拒絕黃袍，以革命手段去拯救更多人性命的一位醫生。孫中山之所以可貴，是他擴大了醫療範疇，不僅醫治幾百人的疾病，而且試圖醫治幾億人的身家性命與財產，不僅療癒肉身的苦痛，還試圖解決幾千年的、政治的、經濟的沈疴舊傷。他所放棄的是個人唾手可得的財富，試圖創造的是不可知的、不屬於他個人的財富。

醫師作家有著與孫中山相類似的情操，他們一方面以理性的專業知識，面對人體，療傷醫病，一方面又以感性的口吻，引用天體，帶領心靈。既然具有著雙重的使人身心暢快的效果，讓人升起崇敬之意就有了相乘性的作用。

台灣有著醫生背景的作家還真不少，從日制時期「台灣的孫中山」蔣渭水（1891-1931）、台灣新文學之父的賴和（1894-1943）開始，吳新榮（1907-1967）、王昶雄

（1916-2000）繼續展現詩才，一直到戰後的賴欣（賴義雄，1943-）、沙白（涂秀田，1944-）、曾貴海（1946-）、江自得（1948-）、鄭　明（1948-）、王溢嘉（1950-）、陳永興（1950-）、莊裕安（1959-）、拓拔斯・塔瑪匹瑪（漢名田雅各，1960-）、王浩威（1960-）、陳克華（1961-）、侯文詠（1962-）、謝昭華（謝春福，1971-）、鯨向海（林志光，1976-），發展出不同的文學區塊與特色，相同的是他們都在肉體臟器上觀察生命的現象，在解剖刀下逼視生命的本質，在消毒藥水中沈思生命的真諦，因而創作了異於常人的文學作品。

不過，仔細一看，這一長串的醫師作家名單，卻沒有一位是女醫師，而且文類偏向於新詩，或許要等鄧惠文的愛情床邊故事、林育靖的純正散文出現，醫師作家的光譜才有著比較完善的輝芒。不同的是，鄧醫師的文學與醫學分離操作，林醫師的散文則完全著墨在醫者成長的文化背景與現實環境，努力書寫醫者與病者之間的新倫理，有時偷空探索醫師與常人兩種角色之間的轉換與矛盾。

最近有幸先讀林育靖的散文集《白袍底下》，發現整部散文集每一篇都與醫師、醫院、病患相繫相連，每一篇都保留做為醫師的人性之常，不矯情塑造醫德的高超形象，不誇飾自己的善性、不掩飾自己的率真，所謂喜、怒、哀、懼、愛、惡、欲七情兼具，讓我們看到白袍底下做為醫師的真正「人」的本質，但也在這樣直率的表露裡，見證了真正「人」的本性，特別是〈十，二十，四十，八十〉、〈悄悄告訴妳〉、〈愛情無涉〉這樣的篇章，牽動了讀者的心弦、笑紋與淚腺，那是做為醫師才能見到的人性深度，那是做為作家才能刻畫的人性皺摺。

特別推崇〈牽你們的手〉這篇文章，醫者之仁、女性之愛、作家之情，細緻糅和，協同演出，有著小說式的情節波動，又有著詩一般的情意起伏，為身穿白袍的散文家樹立優美的範式，讓「白」真正成為所有生命色彩的反射光影。

2010年春　寫於明道大學

林育靖：《天使的微光：一位女醫師的行醫記事》（散文）
九歌出版社，2010年4月1日
ISBN13：9789574446827

以童子為師，以植物為友

六十歲以後，全才作家康原返老還童，童心大發，大量產製童謠兒歌，彷彿找到生命中最適合他發揮的文類，傾其一生之所知、所能，盡情展佈他的愛心、童心。最早1994年康原就與他的老師施福珍聯手出版《台灣囡仔歌的故事》兩冊，兩年後又由玉山社、晨星出版社發行同類型書籍，以整理台灣舊有囡仔歌，欣賞、推廣為重心。2002年康原開始自己創作兒歌，出版《台灣囡仔歌謠》、《台灣囡仔的歌》。六十歲以後，《逗陣來唱囡仔歌》區分類型出版——台灣歌謠動物篇、台灣歌謠民俗節慶篇、童玩與童年篇、植物篇，陸續出版，目不暇及，耳朵來不及聽，總是迴繞著渾厚的土地之音、輕快的童稚之聲。

多年前在〈囝仔歌是台灣詩的田土——康原為彰化詩學另闢幽徑〉的論文中，我曾分析康原的台語兒歌具有這幾種特色：

驚喜的拼貼之美
豐盛的物產之美
教育的傳承之美
純真的戲謔之美
多變的台語之美

以《逗陣來唱囡仔歌——台灣歌謠植物篇》來看，歌詞以漢字書寫，附以教育部頒訂的台羅拼音標示，另外配置「小解釋」，都有利於台語的學習與推廣。其後的「小典故」、「植物知識通」，配合曹武賀的植物影像、李桂媚的電腦插畫，更具有認識土地、認識植物、認識生活的副學習效果，這些文字魅力與編輯設計，正符合我論文裡的觀察。最主要的，音樂教師賴如茵所譜的歌曲優美流暢，既有童趣，又有活力，更是這些兒歌所以能廣為流傳的主要關鍵。

多少年來，人類自以為是萬物之靈的夸夸之論已稍見收斂，人已知道謙卑地與萬物共生共存，知道觀察動植物，學習動植物，與動植物為友，這樣的觀念如果能從小時候就加以培養，對於我們賴以為生的周邊土地、大範圍的地球，將有寬緩、紓解的作用。但是，一般人對於「孩童是大人的老師」這樣的觀念，則尚未獲有普遍的認知，小孩子的天真無邪、天生的道德標準、對事物的原始觀念，在在都值得大人學習，「小孩子的觀點」才是真正文學藝術重要的啟蒙處，童真童趣永遠是文學藝術迷人的地方。康原選擇「囡仔歌」、選擇「植物篇」而寫作，想必是見識到「以童子為師，以植物為友」的重要，因此，我樂於推薦這種認知下的《逗陣來唱囡仔歌——台灣歌謠植物篇》。

2010年7月小暑　彰化

康原：《逗陣來唱囝仔歌 IV：台灣植物篇》
晨星出版社，2010年10月11日
ISBN13：9789861773759

法蘭風詩影的人生實踐

法蘭風詩影，是一本詩集的名字，應該前後加《》才正確，但就真與美而言，我覺得這五個字自然形成美感，讓人有極開闊的、想像飛馳的空間。

法或法蘭，當然是熱情而優雅的法國印象，一種美的激動。蘭，可以獨立為蘭花，那是色彩與舞姿搭配最和諧的花卉，自有她完美的江山領域；也可以法蘭成詞，從內心深處漾起的慈美，滿滿待溢。風，可以是自由自在、蜿蜒而行、雖無形卻有力的Wind；卻也不妨是風格、模式、式樣、作風、類型、體式、格調、氣派、體例、派頭……的Style。不論是無形的Wind，還是有型的Style，「法蘭風」、「法蘭風」，彷彿在春風中穿梭、在秋嵐裡游行的新詩精靈，彷彿是帶起一陣輕輕騷動的蘭花香息。

事實上，「法蘭風」是一位真正愛詩者的筆名，他與詩人白靈都是臺北科技大學的校友，白靈讀的是化學工業，化學的色相，可能激發人的想像，化學的無窮交媾變化，可能與大腦的想像形成激發作用，但「法蘭風」讀的是機械工程、工業管理，所學、所思，如何激起波瀾？

「法蘭風」卻是從三十歲就已開始寫詩，一寫三十年，有觸有感有積有蓄而後發，累積三十年的作品，從中精選四十七首，要搭配自己親手拍攝的照片，呈現在大家的眼前，所以稱為《法蘭風詩影》。選用「詩影」兩個字，不用白描直賦的「詩與攝影」，保留了文字的空靈之美，似乎在門一開一闔之間，若無似有，或實或虛，所謂伊人，在水一方。這就是他設題之意，詩，已在其中。

法蘭風的詩與攝影是他的生命的熱誠實踐，在機械式的日常生活裡，在相類近的婚姻、親情中，在尋常巷陌駐足的所在，他確信：美在，詩在。果然，美在，詩在，就在他的心上，就在他這一冊詩影上。

這才是真正詩應該在的地方。詩，不一定在詩刊、詩選、報章雜誌上；就像神，不一定在廟堂、神龕或經書內；就像愛，不一定在心頭、口頭或話頭中。詩，融入於生活血脈，才是她最安穩的住居地，《法蘭風詩影》所要宣示的正是這一點，讓那群在春風中穿梭、在秋嵐裡游行的新詩精靈，那陣帶起輕輕騷動的蘭花香息，就在你我生存的空間裡。

2011年春天寫於明道大學

林進宗：《單眼視界 - 林進宗攝影集．法蘭風詩影》
個人出版，2014年9月6日

終於有了遞嬗

心靈是寂寞的，所以我們寫詩，期望在某一彎轉角或山坳、樹下或水邊，遇到另一個寂寞的心靈。所以我們讀詩，期望著邂逅：也許是幾簇等待的意象，也許是數叢初次見面卻又熟悉的語句，也許是某個遙遠的國度另一個寂寞——

——的夢。

一直喜歡把紀弦的〈狼之獨步〉當作新詩命運的象徵，詩人總要自尊於自己的舞姿，許為此一場域不可偶遇的一種獨步，但是無可避免的涼風颯颯，詩人卻也自知，卻也能獨自欣賞那種踽踽涼涼。

曾經我欣喜遇到廖之韻，在高一的她生澀出手的時候，如今卻又有另一種機緣，大量閱讀王珊珊，在她寫作成熟的大學時代。心境卻是相同的，還是有人願意獨行在詩的寂寞裡，倚著某一棵樹，不為什麼地望著某一朵雲，我的心中有著遞嬗的欣喜。

這是王珊珊的〈遞嬗〉，卻也是詩與明天的欣喜：

明天
嚐遍了黃昏的溫存
從黑夜走來
用凋謝前的最後一朵花瓣
撕開鵝黃色的傷口

鳥鳴
流了出來

這首詩，聲與色間雜而來，卻又自然諧和；一個簡約的意象營造，卻又含蘊著不必言說的愉悅。據此，王珊珊可能是詩壇的明天的那一陣啁啾，因為她從正確的發聲開始，如〈遞嬗〉的鵝黃色傷口流出了鳥鳴；又有著一股湧自內心不可扼抑的暖流與智慧，如〈浯島史即景〉中「違章建築裡蝸居的一部字典」。

人生最初的二十首詩作流向不同的港灣，激盪相異的水花，有著隨意揮灑的抒懷鋼琴協奏曲，也有記人敘事的笛音與鼓聲。王珊珊的風景，從天明的鳥聲開始，提供了交響樂的廣大迴盪空間——鳥鳴，象徵著才華天賦，交響樂，暗喻著和諧的設計，兩相呼應唱和，詩壇或許會流傳著：

終於有了遞嬗的可能……

2011年春天　台北

張日郡、王珊珊、潘釔天、吳佳蕙、謝獻誼：《停頓以前　步行之後》

角立出版社，2011年3月3日

ISBN13：9789868496873

即心即理・即詩即人——我讀卡夫詩集《我不再活著》

卡夫（杜文賢，1960 -），新加坡籍華文詩人，尚未二十歲即已開始寫詩，寫了三十多年才要出版第一本詩集，一般會認為這是惜墨如金，我卻想從不同的角度來看待這件事。卡夫的詩集題名《我不再活著》，另有一行副標題「悼念吾友卡夫」，明明是卡夫自己創作的詩，卻是用來悼念卡夫自己；明明自己活躍在人世間，卻說我不再活著。從詩集的集名，卡夫已經用自己的名號逼使讀者沉思：我真的是我嗎？我在自己的生命現場嗎？這裏的我，一方面是詩人卡夫以詩來自我窺測、自我解剖，現實的卡夫與詩中的卡夫，尖銳地不斷對話，而詩是唯一的媒介，藉著詩，往復刺激、來回刺探。詩是唯一的媒介，一方面卡夫也藉著詩，往復刺激、來回刺探讀者，讀者是不是也能在他的詩中有著這樣的警悟？也就是說，卡夫寫詩，不是對存在現象的觀察與紀錄，而是對存在本質的徹底懷疑與省思，他的詩思考的是人的本質、存在的本質，推而及於詩的本質。

我坐在時間的窗口，伸手要捉住走過的聲音，張開一看，是詩的眼淚。

我相信，生命不過一首詩的長度。
詩有心跳聲，清心聆聽，那是一種美麗的呼吸。

——卡夫

這是卡夫以私函寫給我的詩觀，他將「詩」擬人化，「詩」會走、走過會有聲音，同時還有眼淚，當然也有心跳聲、顯然會呼吸。說的是詩，論的未嘗不是人！這樣的詩觀，其實也印證了我前一段所敘說的，他的詩所思考的是人的本質、存在的本質、詩的本質。注意「生命不過一首詩的長度」，指的就是生命本身就是一首詩，一個人的人生價值就繫於他寫出什麼樣的詩，反言之亦然，一個人所寫的詩的價值就看他呈現出什麼樣的人生輝煌。因此，借用宋朝理學家「即心即理」的論述，我以「即詩即人」的觀點來看待卡夫的作品。

《我不再活著》共收入六十三首詩，其中大約有二十首詩帶著「詩」字，但他不同於唐朝杜甫（712-770）〈戲為六絕句〉之以詩論詩，杜甫的重點在於拈提自己的詩觀；也不同於金元之際元好問（1190-1257）在金宣宗興定元年丁丑（1217），二十八歲時所作的〈論詩絕句〉三十首，論評曹魏到宋金的三十五位詩人。卡夫的這二十首帶有「詩」字的詩，論詩兼論人世、人情，或者說「詩」是他的手段，藉詩的可能美好，逼問人世的美好何在，逼問人情的良善何在。

「序」這種文體，本來就用以說明著作的旨趣，卡夫以一首詩〈詩人〉作為《我不再活著》的序，〈詩人〉的副標題是「三十年祭」（寫於 14-7-2007，47 歲），這首詩正是卡夫寫詩三十年的感觸。

和黃昏一起離開那男子
回頭
他還坐在下午寫詩

那男子只好走回去
三幾步路
走到天黑　還在走
莫非他一直在詩裏繞

此事　藏詩裏三十年
我怕　別人説
那男子就是我
而我不是詩人

——〈詩人——三十年祭〉

在這首詩中，卡夫堅決表明「我」不是那男子，「我」不是詩人，確實將自己與詩人作了完整的切割，避之唯恐不及，呼應著書名的《我不再活著》、「悼念吾友卡夫」。卡夫為什麼執意要將自己與詩人切割，在〈詩人〉這首詩中，因為「他一直在詩裏繞」，詩人沒有走出詩中，沒有接觸到人的溫度、亮度或暗度，不識人的質地。這是「詩」之所以可悲的地方，因為她沒有表達出「人」的哀傷。不能表達「人」的哀傷，是「詩」的最大哀傷。

卡夫《我不再活著》輯一「周末狂熱」裡的作品，是唯一沒有出現「詩」字的一輯，其中〈撐燈的哀傷〉（寫於6-1984，24歲）可以視為這輯詩的代表作，更可以視為卡夫心中人世的縮影，特別是「左手的刀／刺右手的掌／喝自己的血……」反覆出現的這三行，形象化世間人至極的悲慘，令人讀來隱隱作痛。這首詩所追求的終極目標是「尋找一條在冬天不會冷凍的河」，那是生命常春的期許，象徵永恆的幸福，而冰封的森林、狂舞的白雪、凍僵的屍體，則是命運殘酷的肆虐。刀，用來披荊斬棘，酒，用來溫熱身體或麻痺心靈，燈呢？「左手的刀／刺右手的掌／喝自己的血……」這至極的痛，是為了守住這盞燈，因而有撐燈的哀傷，這「燈」的象徵元義，不就是這輯作品所未曾出現的「詩」嗎？「詩」字沒有出現，「燈」所代表的母親的溫暖、家的呵護與裹覆，卻正是卡夫心中所期盼的那個「詩」字。

這樣的情意期盼，在輯一中，卡夫以一首小詩〈守候今生〉（寫於29-12-2006，46歲）完整表達：「今年最後一個夜裏／最後一秒鐘一眨而過／哀傷沒有一起離去／你是孤島最長的黑／只有一盞燈／點燃多情　守候今生／就算來世也忘不了回家的路」。今生、來世，都要以這樣的一盞燈守候，照亮孤島最長的黑，驅趕不曾離去的哀傷。因為有這樣的一盞點燃多情的燈，我們不會忘記回家的路。

臺灣詩人鄭愁予（鄭文韜，1933-）的〈野店〉曾有這樣的名句：「是誰傳下這詩人的行業／黃昏裡掛起一盞燈」（寫於1951，18歲），膾炙人口，傳誦多時，正可以印證卡夫撐燈守候的，就是他一生所繫念、熱愛的詩。

是誰傳下這詩人的行業
黃昏裏掛起一盞燈

啊，來了——
有命運垂在頸間的駱駝
有寂寞含在眼裏的旅客
是誰掛起的這盞燈啊
曠野上，一個朦朧的家
微笑著……

有松火低歌的地方啊

有燒酒羊肉的地方啊
有人交換著流浪的方向……

——《鄭愁予詩集I》（臺北：洪範書店，2003），頁22–23。

流浪中的鄭愁予以「空間性」寫燈，曠野上掛起一盞燈的「野店」，就是流浪者朦朧的家，即使前方命運未知，眼前心多寂寞，至少四周有松火低歌、燒酒羊肉，有人可以相互交換流浪的方向。安居新加坡的卡夫則以「時間感」寫燈，他將時間點設定在一年最後的一個夜裡，歲末年終感慨殊深，哀傷適恆，還好，居家的卡夫慶幸有一盞多情的燈可以守候這輩子、期待來世。今年、來年，今生、來生，詩這盞燈，是要這樣世世代代傳承下去的，不論是有駱駝或沒有駱駝的沙漠，有魚尾獅或無有魚尾獅的海島。

哀傷，卡夫詩中總是透露著淡淡的哀傷，不僅瀰漫在詩中的人的現實，甚而跨界在別的生物身上，〈落花〉（寫於9-7-2007，47歲）這首詩，慨歎落花來不及美麗，狂風暴雨就葬送了落花的一生，卡夫以「仰望踐踏／完成一世哀傷」來終結。落花的哀傷，樹能了解，甚至於樹想以「落土歸根」就是「回家」來安慰花，卻又不知如何彎下身來寬慰，樹與花尚猶如此，人何以堪？跨界到別的生物身上，那淡淡的哀傷就更為綿長了！

〈落花〉這首詩輯入「輯二」，且以此詩為輯名。自輯二以後，有「詩」字的詩作，分成兩種路徑在進行，一是以詩的美好服膺生命的美好，二是以詩的悲哀征服生命的悲哀。

一、以詩的美好服膺生命的美好

《我不再活著》大量的「詩」字詩出現在輯四「不尋常的一天」與輯二「落花」，「不尋常的一天」輯內作品大都為迎接孩子而寫，「落花」輯內作品則以妻與髮為書寫對象，這兩輯詩作的「詩」字、「詩」篇，是美好、幸福、愉悅的代稱，屬於愛情、親情的情詩。

「落花」輯內，47、48歲這兩年所寫的詩，如〈讀詩〉、〈她〉、〈詩人〉、〈髮的紀事〉、〈以髮之名〉、〈你冷冷的聲音充滿距離〉、〈來世我還會是你的詩人〉等七首詩，詩中的主人、詩字、長髮，都含蘊著深濃情意，令人臉紅、心跳、動容，如：

你的紅唇／是夾在詩裏的書籤　——〈讀詩〉

等我／哀愁的詩句測量來世的距離／她的心事　惟有／我的詩讀懂　——〈她〉

你是前世詩裏出走的女子／許諾今生給我永世的桂冠／權杖和繁花　——〈詩人〉

你把像我這樣一個迷戀長髮的男子／隨心蕩漾／來不及寫出高潮／就要換行
——〈髮的紀事〉

風從詩中穿過／揚起一身的水／是最初回眸的不解／是最後溫柔的糾纏　——
〈以髮之名〉

我聽到你的腳步聲／來不及轉身／只好假裝與你相遇／無非不想你知道我的詩患了憂鬱症　——〈你冷冷的聲音充滿距離〉

答應你／不會在悲涼的聲音裏迷路／來世我還會是你的詩人　——〈來世我還會是你的詩人〉

詩的美好就在 2007、2008 這兩年內在「你」與「我」之間流轉，你是詩，所以你美好，你美好，所以你是詩；而我，為了回應你的美好，我的詩不能患憂鬱症，來世我還會是你的詩人。這是讓人欣羨的以詩為名的情愛的承諾，以詩為證的情愛的信守。這樣的承諾與信守，就像黃昏裡掛起的一盞燈，世世相襲，代代傳遞，輯四「不尋常的一天」裡的作品〈孩子〉、〈不尋常的一天〉、〈你的眼睛〉、〈你的聲音〉、〈我的詩是你的搖籃〉、〈要是你不來〉、〈如果為你〉等七首詩，全是為孩子而寫，寫作時間點一樣集中在 2008、2009 這兩年，承繼 2007、2008 為結髮之妻以詩為名、以詩為證的情愛延展。

孩子尚未出世，卡夫許願天地給他鮮花和陽光，還有詩的讚美，要用詩織成天地搖籃……讓孩子在鮮花、陽光和想像聲音裏成為最光明的一首詩（〈孩子〉、〈不尋常的一天〉、〈我的詩是你的搖籃〉）。在卡夫心中，孩子的眼睛，就算再寫一千行的詩依然是寫不完豐盛的你（〈你的眼睛〉），為了孩子，「我的詩／可以不再為自己舉哀，要你／看我在大海也能像鳥一樣飛翔，把你／抱在溫暖詩裏／讓天地朗誦」（〈如果為你〉）。孩子還小，卡夫甚至於以詩期盼孩子：

萬一長大後
遙遠得不能回來，記得
寫另一首詩
沿著聲音找我
也許隔世
聽不到喊聲
我也心滿意足地啓程

——〈你的聲音〉

妻、子、美好，人世間的至親至善至美，都與「詩」同在。

二、以詩的悲哀征服生命的悲哀

相對於這種以妻、子為詩之美好的代稱，卡夫詩中之詩另有完全相反的「詩是憂傷」的講法，如前所言，二十四歲所寫的〈撐燈的哀傷〉已經述說了生命之痛，相距二十四年後，四十八歲的〈你的聲音〉（寫於19-10-2008）仍然持續這種痛。首段說孩子的聲音佔滿自己的時間，此時生命沒有可以虛擲的藉口，詩開始跳舞，這是第一段，美好的感覺，第二段一轉，在這樣心動的歡宴中，隱藏在孩子歡笑的聲音裡的，卻是我的哀傷的流竄：

不過你的聲音
那些難以啓齒的哀傷
要我寫一千行的詩隱藏
像隱藏逼於無奈的絕症

這種哀傷，是先天的、命定的、內化在生命裡的（我流竄在你的聲音裏）。這種哀傷，是巨大而無可抵禦的（要寫一千行的詩隱藏）。所能寄望的是孩子長大後所寫的「另一首詩」，或許可以是另一段生命的啟程。

過了知命之年，卡夫仍然以眼淚在磨墨：「鋪天蓋地來的悲傷／早已等不及我寫完這首詩」（〈距離〉，寫於 8-8-2012，52 歲）。同一天，卡夫的淚水不再私藏：「我打開詩的溫度／再深的意象也承載不了過重的悲傷」，因此他決意「留白」——不寫詩，不寫詩的原因竟是為了「讓流血找不到更多的／藉口」（〈所以，留白〉，寫於 8-8-2012，52 歲）。

因此，詩中的新加坡就成為他心中的「孤島」，在〈詩葬〉（寫於 15-6-2008，48 歲）裡，悲觀地認為「孤島是詩的墓碑，死亡允許詩人今生不再漂泊」。因此才有〈我不再活著——悼念吾友卡夫〉這首詩（寫於 24-6-2011，51 歲），在這首主題詩中，卡夫認為詩是詩人的傷口，詩一寫出來，血就流盡了，在這種鮮血才能測量的距離，我的詩趕得及這場葬禮嗎？

因此，卡夫這三十多年所努力的是：要以詩的悲哀去征服生命的悲哀。

詩是卡夫的最愛，一直以生命中最重要的親人——妻子兒女去繪製詩的聲音、形象，一直以自己的性命去「博」詩的生命，以詩的困阨處境當作自己生命最大的哀傷。「以詩的美好服膺生命的美好」與「以詩的悲哀征服生命的悲哀」這兩種看似矛盾的、卡夫的詩的論述，其實是互為表裏，相互幫贊而更為穩固的。

詩，如果不是最愛，何以會用詩去描繪至愛、至親？

詩，如果不是最愛，何以會以自己的性命去拚、去博？

或許，「我」可以不再活著，「詩」卻不能不活著。或許，正如卡夫在這部詩集最新的一首詩所祈願的：「春天理應充滿希望，種子淚水裏發芽，天空裏長去」，期待卡夫的下一季收成。

2013年8月立秋　寫於臺灣明道大學國學研究所

卡夫：《我不再活著》
Singapore 新加坡書寫文學協會，2013年10月
ISBN：978-981-07-8238-2

學生之機

「究天人之際，通古今之變，成一家之言」，鏗鏗鏘鏘三句話，綜合了哲學家、史學家、文學家的雄心大志。這是我在輔大中文系讀書時，刻刻縈繞在耳邊，畢業半世紀，時時迴旋在心頭的三句話。

錚錚鐵骨，豪情萬丈，略歷風霜，尚未古邁的我的學弟林明進，年近耳順之年才開始筆順，以教人家「創意與整合」、「理解與分析」寫作法的那枝筆，開始分析、理解自己三十四年的教學生涯，開始整合自己六十年的文化創意，出版屬於他自己的文學心靈的著作《學生》，我相信他心頭迴旋的也會是這三句話，因為我在快讀這本《學生》時，不時從書中縈繞而出，在我心頭震盪的就是這三句話。

教書，不同於其他行業，一個當教師的人不會將「教書」當作自己的職業，只把朝七晚五當作自己活躍的時間、教室校園當作自己展演的舞台，僅僅教「書」。一個真正的老師是學到老、活到老，活到老、教到老，「教書」是一生的志業，因為他在教學生「學生」，教人家也教自己學習活下去、活出自己，活下來、活出自在。沒錯，將像林明進說的學「生」，教人家也教自己學「生」。「生」，形象草木出土，必要生機盎然，必要生生不息，絕不氣餒，絕不委頓，這不就是一輩子的事，一輩子的職責，一輩子的志業！

一輩子都要學習「陌生的知識」、「生存的能力」，認知「生活的趣味」、「生命的價值」，獲得「求生的韌力」，擔負起「生生不息的使命」！

《學生》這本書，不是一位建中現役老師的回憶錄，只在回憶建中三十年的點點滴滴，而是一位活在自己生命現場的學「生」之徒，鼓舞自己，勵志他人的見習錄。凡是自覺走在自己生命路上的人，都該以林明進的學「生」體驗，活出自己的精采。悲觀的人遇不到溫馨，很可能把紅塵俗世看作荒郊曠野，這時，不妨將《學生》當作野外求生的書，將會重新獲得生之意志；樂觀的人隨處看到希望，《學生》當然是人間學「生」之書，多番閱讀，將會樂趣橫生。

以教學生「學生」為一輩子志業的人，沉潛六十年，才能寫出《學生》這樣一本充滿生機的文集，才能將老師教我們的「究天人之際，通古今之變，成一家之言」化為實際的行動，這三句話當然時時迴旋在字裡行間，時時在我們學「生」的過程中激勵我們。

一般的散文，普通的散文，不會在文後又增添一兩段話節外生枝，但林明進的《學生》，常常在兩三千字的文章之後，跳出來加入一節「一叟小語」，繼續已經結束的話題，這是「建中一叟」的「雄心」之下隱藏的「婆心」，效法的應該是司馬遷《史記》裡的〈太史公言〉，或許也可以做為「究天人之際，通古今之變，成一家之言」常在我們心中縈迴的旁證，學「生」是一輩子志業的重要依據。林明進這些文章不在實體的報紙雜誌上發表，而是在facebook上刊布，畏懼facebook的人將它音譯為「非死不可」，林明進積極的音譯為「非思不可」，書中的每一篇文章不知多少人按「讚」，只知道轉貼分享的次數，往往一篇就有六、七千次之多。是的，學「生」之機，不可或失，轉貼的人也在積累他的功德，「非思不可」，「非生不可」，我們何不緊緊掌握自己的生機，隨著林明進學「生」。

2013 年 12 月　寫於明道大學開悟大樓

林明進：《學生》（散文）
麥田出版公司，2014 年 1 月
ISBN：9789863440383

月夕花朝：集美的天地

一般人慣於言說春花、花好，秋月、月圓，這花月時刻，是一種釀蜜的溫度、賞螢的心境，是美的純淨象徵、會聚的良辰。青春詩人楊采菲以華采芳菲為名，將詩的美還原為這種純淨而原初的感動，新出的第一本詩集就命名為：《月夕花朝》，將詩集的每一個字都歸屬於美，美麗的花、美麗的月、美麗的朝陽與夕陰，甚至將自己的花容月貌，化於字裡行間，化為詩之美的背景，化入美的紋路與肌理。

《月夕花朝》的扉頁上有言：

朝花間，我們俯拾珍重，春山諸媚；
夕月下，我們仰望緬懷，秋水伊人。
月夕花朝，歲歲年年。

若是，這冊詩集是對春山諸媚，或俯拾、或珍重，是對秋水伊人，或仰望、或緬懷，詩中眾作的主要內涵，我們大概可以從此得到一些ABC式的認知。不過，形成對稱型的中文往往潛藏著「互文」的效應、「借代」的可能，如孔子寫作《春秋》，不完全是孔子時代只有春、秋二季，不可能是孔子在春夏秋冬中只寫春秋二季，亦即是《春秋》也以互文的方式預告著夏冬的存在，編年式的書寫方式，逐年累月的記錄著，我們會讀到一部完完整整的善善惡惡的歷史。所以，《月夕花朝》裡，當然會在珍重春山時憐惜秋水、緬懷伊人，在仰望秋水時順而仰望春山、珍重諸媚。這就是互文的可能。當然，朝花、夕月之外，花容、月貌之外，祁寒酷暑、生老病死，即使不是宿命，必然也會是天地人生不可或免的循環，張若虛〈春江花月夜〉歲歲年年所感慨的，不就是月會圓、月會缺，花會開、花會謝？如是年年又歲歲，日日復夜夜。楊采菲以《月夕花朝》暗示著這種借代的效應，暗示著江會盈、江會竭，春會住、春會歇，生命有著諸多可能、諸多無常、諸多惡與邪。

譬如：全書的第一首詩，「月」輯的〈電扇〉，凡常的日用器物，她寫著：「要轉幾個輪迴／才能風乾／你肌理中不斷涔涔／湧出的／熱淚？」這「輪迴」就是無可迴避的日日夜夜，年年歲歲；這「你」就是無可迴避的、普羅大眾的、讀詩或不讀詩的你、我、他；這「涔涔熱淚」，卻是相對於「朝花夕月」的汗、血、淚。

再如：全書的最後一首詩，「朝」輯的〈加走灣外傳〉，在美好的記憶、歡呼蔚成的〈加走灣前傳〉之後，在甘願永世在此坐臥的〈加走灣正傳〉之後，楊采菲告訴我們的卻是「黑暗誕生了」、「洪亮哭聲／震退千呎海岸線／結實臂膀／打落萬哩海上星」、「募集更多落寞」，這是相對於「朝花夕月」的哭聲、落寞與暗黑。

這種月夕花朝的互文與借代，采菲是了然於心的，她在短短的〈後記〉裡已經言明：「所謂美好，不只喜樂事，還有哀愁與惆悵，包括一切無常。」她認為：「一切美好都是因為無常。知道無常，所以我們惜花惜月，珍視大千；知道無常，所以我們淡然世事，笑看紅塵；知道無常，哪怕前方困難險阻，都還要為夢想點燃所有火光，孜孜矻矻，蠟炬成灰才肯罷休。」就因為有這種體悟，詩人才能在至美之中看見至苦、至苦之中看見至樂，在至皺至瘦、至漏至透、至醜至陋之中看見至奇至真。

《月夕花朝》依題目的四個字分成「月、夕、花、朝」四輯，這四輯的劃分，我們未能細加究明，但粗略探看，「月」輯多詠物，「夕」輯多懷人，「花」輯常抒情，「朝」輯有所悟，二十年的詩歷，彷彿依此階梯循序而進。一般而言，學詩宜從詠物、記人入手，事有所本，情有所寄，求得吟詠之真，所以，「月」輯的詩作，以物為歌詠對象為多，有具體之物，也有抽象的事理，可喜的是采菲真能在無常之中惘花惜月，珍視卑微細物。具體的，如〈沖馬桶〉，她看見的是「一顆陀螺拋出線外／向下自轉」，不僅寫真，還寫出生命向下自轉而無成的無奈；又如〈萬花筒〉，「拆解鏡面，還原／竟只是／色塊兩三張」，彷彿一種靈視的透視，在繁華多變的詭譎世局裡，拆拆解解直指虛幻，輕輕鬆鬆還原真實。抽象的，如〈神話〉，將兩段不相干的事務排置在一起，一是期待一兩把雨傘撐出去，雨就能停住，一是戰役中苦撐，就能止血，采菲在詩中二者並舉，有著令人發噱的崇高與卑俗間的不類，卻又有著令人不能發笑的、對小丑的悲憫；再如〈公理的獨白〉，那是一種無厘頭的諷刺畫面，公理一直在放假（「反正／多的是假日」），公理一直在睡覺（「吃飽睡，睡飽／還能再吃到睡著」），卑微的普羅大眾又該如何？

物有物理，人有人理，楊采菲在懷人的「夕」輯中，曾經以〈環〉暗喻女人的生存法則，是物理，也是人理，〈環〉詩中的那個女人，夜裡是「拉環人生」，「扳開黑夜向後拉／過度興奮的啤酒花」；白天是「吊環人生」，「趕赴白晝向前衝／窗外尚未甦醒的繁華」，所以她環環緊扣，無法解套。是環，可以放在詠物的「月」

輯裡，是人，就置入懷人的「夕」輯中，楊采菲選擇「夕」輯，她知道人情事理重過我們對「環」的必要認知。〈沒說出口的話〉亦然：

說不介意是騙人的
你走之後
我的杜鵑花園
孵出一整窩杜鵑
東南飛，西北也飛
再長不出花瓣和枝葉

杜鵑花與杜鵑鳥的故事，在這首詩中分別有其重要性，但采菲是藉杜鵑花與杜鵑鳥的變異在說話，她的介意才是讀者應該在意的。

物情，還是人情？可真不是那麼容易分辨的，下面這首詩：「一把傘剛從暴雨夜裡／被撐回來／靜靜靠在牆角／／雨停了還要／從自身，不斷／簌簌流下」。如果標題是〈傘〉，我們會覺得物中有情；如果標題是〈失戀者〉，我們會覺得詩人藉物抒情。詩，在物的這一端，也在人的那一端，或者像和尚所說：詩，不在這一端也不在那一端，詩在這一端與那一端之上，或之外。

「夕」輯裡的〈炫耀文〉似乎就在說這種法：

〈炫耀文〉

（我用一生丈量
此生，才剛得知
冷冷砧板上無事
可誇）

此詩首段一大篇幅空白，無字之處正是夸夸之言的所在，如果沒有這一大段空白，就無法與「無事可誇」形成落差，增強了其間可誇與無可誇的張力。末段括弧裡的字「冷冷砧板」又暗示任人宰割的命運，也為「炫耀」之題興起並厚實了反諷意涵。

詩在有文字的形影遺跡中，也在留白的空缺無物處，或者，竟是在不相干卻又相關的你我心上？

「夕」輯多懷人，「花」輯常抒情，采菲最佳的情意作品大多藏在這兩輯中，「夕」輯的〈家書〉、〈訪舊〉，綿綿記掛著多少往事，密密繫念著多少舊情，讀來令人不自覺也緬懷起自己的至親、故友、老家鄉。「花」輯的〈回眸〉、〈應許〉，則是青春詩人的柔情蜜意，不論是回頭一望在望，兒時的紙飛機上，或是情已不再、人已不在，默默的眼波深處，我們不免隨著詩人豢養著輕愁小獸。即如一首〈相思〉小詩，也引來山海的瞭望與凝睇，盪出波光粼粼：

一呼萬應的是
粼粼波光
當我把對海的
瞭望，望入你
對山的凝睇

這是青春詩人最為雋永的情愫所在，其成就勝過有所悟的「朝」輯，「朝」輯的〈禪境〉、〈西行〉，往往引入禪語而未能釀造禪境，如〈西行〉言「見諸相非相，則見如來」是格言式的命題或結語，其前未見相關的辯證或現象的推移；〈禪境〉則指陳現實介面的「雲風雨松」，未必能引人進入「成住壞空」的悟境。或許這是經驗與思維有所不足，感悟的靈視尚待引觸，其實，采菲還不需急於在這方面尋求悟入之道。能以「雁去也／／我飄成／秋日黃昏裡／一縷炊煙」去表達〈中式道別〉，即已逐步踏向悟道之路；或者在〈春遊〉之時，能領悟野餐何需有形的桌巾，「你伸手就有／一道拉開就止不了／滿滿鋪遍整座山的笑意」這種心向天地開放、人與純真往來的胸襟，即已是情思的通透瑩澈。享受這種通透瑩澈的青春笑意吧！

笑看紅塵，享受華采芳菲，享受月夕花朝吧！

2013 癸巳年冬至前　寫於漳州——彰化旅中

楊采菲：《月夕花朝》
鮮活文化事業有限公司，2014 年 2 月 27 日
ISBN13：9789881615060

斟酌了六十年的傅予小詩

2014年，由白靈發起，《台灣詩學》季刊社聯合了《創世紀》詩雜誌社、《乾坤》詩社、《衛生紙》詩社、《風球》詩社，以及《文訊》雜誌社，發起「2014推動小詩風潮」的工作。這一年，不屬於這六個社團、詩齡超過六十年的傅予先生，適時出版了《傅予小詩選》，彷彿呼應著這股小詩書寫的風潮。

從2013年中葉開始，傅予就先後寄了六個修訂又修訂的《傅予小詩選》的不同版本給我，我目前根據的是2013年12月27日修正的、他稱之為「3a版傅予小詩選」（99首），用以對照的是2013年8月5日的「AA版傅予小詩選」（110首）。真正出版時，首數可能還會有調整，字句容或有所更易，因為他一直在斟酌又斟酌。

傅予寫作小詩極早，根據「AA版」他的第一首詩是三行的〈字〉，發表於1953年3月16日覃子豪老師主編的《新詩週刊》第70期，當時用的筆名是靈真。這首詩在後來的「3a版」已被刪去，原因不明。其實此詩具有史料價值，在這篇小論中，我想先提出來供大家欣賞：

你懂得沉默是語言的語言
永恆地沉默著
給人類做最忠實的證人

字是無聲的語言，字是人類（不是所有的人類）獨具的語言，所以她最懂得沉默，是人類最忠實的證人，紀錄了這地球上人類所看見、所思慮、所創發的文明進展。就詩意而言，極有內涵，雖是初作，但在六〇年代、且經過覃子豪老師鑑定，已能傳達一首小詩應有的負載。比起六十年後，傅予發表在《文訊》雜誌第 332 期（2013 年 6 月）的〈繁星〉，並無遜色。

太陽，在黃昏之後——
在地平線的一個臨界點上
爆炸了……

它那亮晶晶的沙塵爆
撒滿了天空

〈繁星〉由日夜交替寫出了星星是太陽爆炸後的晶亮此一奇特想像，屬於現象界的觀察與摹擬，〈字〉則傳達了寫作者共同的、永恆的寂寞感。尤其「沉默」這樣的字眼在傅予自己的詩中，一再出現，如書法家呂光浯、張默都曾抄錄、回贈的〈咖啡與我〉一詩：

當酒不能醉我
茶也不能打開我的話匣子
只有一杯咖啡陪伴我，在窗邊
做一晌兒沉默的對話

全詩的亮點所在，不是咖啡與茶、與酒有什麼不同，而在於詩人所感受的那「一晌兒沉默的對話」，傅予自己這樣說：「『沉默』是語言中的極致！」他認為飲茶文化讓茶在人際關係上是最能打開話匣子的首選利器，而眾所共識的「酒後吐真言」，更讓酒與沉默遙不相涉，唯有獨酌咖啡可以讓人獨釣一首詩，所以寥寥四行中，寫出了一個「沉默對話」的另一境界（見《傅予小詩選》自序〈筆釣一首詩〉）。以此回頭看傅予的第一首詩作〈字〉，其實已預告了傅予六十年的詩生命，是在小詩與沉默中度著。2009年由秀威資訊所出版的《傅予詩選》（共123首），其中第一輯「早期作品」（11首），第二輯「銀河一角」（小詩65首），第三輯「我送妳一首小詩」（10首），三分之二以上的作品均與本書《傅予小詩選》的內容、編輯，類近、雷同；《傅予詩選》的副標題為「螢火蟲詩集」，「螢火蟲」的啟創點當然來自螢火蟲的微光，來自傅予自己的詩〈螢火蟲〉：「你是天上的星星／為了追尋一個失落的夢／向人間流浪了」（原載《台灣詩學季刊》第32期，2000年秋），從星到螢，從天到地，那流浪、失落與遙遠的旅程，都透露著孤單、沉寂、靜默與落寞；當然也透露出星、螢、詩、夢的微渺。

六十年間傅予只出版數　詩集：《尋夢曲》（1955）、《傅予詩選》（2009）、《生命的樂章》（2001）、《傅予短詩選》（2004）、《傅予小詩選》（2014），小詩的數量偏多，約佔七成以上。《傅予小詩選》書後的附錄：〈為現代詩的形式取模〉，也可以證明他所注意的焦點在小詩的寫作，甚至於注意到小詩的形式設計，在這篇附錄中，他提出九種書寫模式：

模式一：兩段式共同型
模式二：三段式共同型
模式三：多段式全方位共同型
模式四：主題三部曲
模式五：峰迴路轉型
模式六：駱駝單峰型
模式七：演譯歸納型
模式八：一元復始型
模式九：非模式的另類模式

如此細分，傅予自己也清楚，並無必要性。以他自己所定模的九種書寫方式，模式一至八，是以不同的段落、句型，指向單一主題（所謂共同型）；模式九的「非模式的另類模式」，其實已完全推翻前面所舉的八種模式，有這種「非模式的另類模式」，就不需要最基本的模式了！

小詩的定義，台灣現代詩壇已取得普遍的共識：十行以內，百字以下。張默、向明、白靈、傅予，大約均能採用這種說法，羅青以八行為限，林煥彰不希望超過六行，雖將行數下縮，仍然在此一共識之中。此外，有幾位詩人曾有一兩部詩集嘗試固定行數的創作，如洛夫的《石室之死亡》（十行），向陽的《十行集》，岩上的《岩上八行詩》，白靈的《五行詩及其手稿》，蕭蕭的《後更年期的白色憂傷》（三行），瓦歷斯·諾幹的《當世界留下二行詩》，普遍也都以十行為度。至於受日本俳句（Haiku）影響的「漢俳」（三行：5字、7字、5字），可以含在小詩中討論；張錯、王添源的十四行實驗，則受西洋商籟體（Sonnet）格律啟發，或已超出台灣小詩研究的範疇了。

當然，以上所述只是行數的自我限定，至於行數的外在安排則尚未有人提出研究，傅予的「形式取模」，算是最早提出取模念頭，但他偏倚的是表現技巧，而非形式安置，形式安置是指行數如何安排，如六行詩可以有六種排列：6行、5+1行、4+2行、3+3行、2+4行、1+5行，這六種安排會產生甚麼不同的視聽衝擊、意念迴響？值得採樣研究。以《傅予小詩選》的「四行詩」為例，此輯共收入十三首詩，十三首詩只採兩種模式，一是不分段的四行（6首）、一是兩段式的2+2行（7首），但四行詩還有3+1行、1+3行兩種模式，傅予小詩未加以刻意嘗試，如〈孕〉這首詩，原先排成不分段的四行，如果改成2+2行、3+1行、1+3行，會有更好的意外效果嗎？

原式：4行

一對凹凸基因的伴侶，醉了
醉在春天的桃源洞裏
醉成你儂我儂的永恆擁抱
醉成另一個生命的誕生

A式：2+2行

一對凹凸基因的伴侶，醉了
醉在春天的桃源洞裏
醉成你儂我儂的永恆擁抱
醉成另一個生命的誕生

B式：3+1行

一對凹凸基因的伴侶，醉了
醉在春天的桃源洞裏
醉成你儂我儂的永恆擁抱
醉成另一個生命的誕生

C式：1+3行

一對凹凸基因的伴侶，醉了
醉在春天的桃源洞裏
醉成你儂我儂的永恆擁抱
醉成另一個生命的誕生

傅予小詩各種行數俱足，還將自己的小詩選以行數作為分輯的標準，且撰文為現代詩的形式取模，甚至於前舉的〈繁星〉詩例，他也曾作過這種分行試驗，原來「AA版」是不分段的五行詩，「3a版」則分成三段，「爆炸了……」獨立為一段，可見他有意為小詩的寫作提供自己多年撰述的心得。所以，《傅予小詩選》除了將自己六十年來斟酌又斟酌的小詩，集結給大家欣賞，也將自己思索、研究、取模的經歷，金針度人。這份誠意，對於初春剛臨的2014的「推動小詩風潮」工作，應該具有鼓舞作用。

元旦假期中，仔細揣摩傅予〈為現代詩的形式取模〉裡所說的「共同型」，發覺傅予所要傳達的應是小詩主題的純一化，換句話說，小詩因為語言淺顯、篇幅短小，不宜旁徵博引、議論深刻，因此不論是一段或多段，都匯向一個共同的主題，不使一首小詩意象散飛、茫無頭緒。其次，傳予這種「共同型」的含意，還在於類疊、對稱、排比等修辭的應用，因句生句，因段生段，以相類近的意象推湧出主題意涵，如「模式一：兩段式共同型」裡〈鄉愁〉這首詩，從第一段流雲的遠望中思及故鄉，對應出第二段，從落葉的近觀中寫下詩句。這種對應式的想像跳躍，對於初學者有著極大的幫助。

〈鄉愁〉

天邊飄來一片疲倦的流雲
那白色的畫面，是誰
繪下我故鄉的圖案

林間飄來一張枯黃的落葉

那憔悴的面容，是誰
寫下我無言的詩句

這九種書寫模式的推演，都有值得初學者循序漸進、廣加援引之處，最後能拋除模式，進入「非模式的另類模式」，獨行俠義，揮灑出自己的天空，那就無負一個長者六十年的斟酌再斟酌了。

積累六十年才成就的一本小詩選，有著通史性、歷時性的成就，不能以斷代史的火花去勘驗，因此，《傅予小詩選》的寫作題材，從情愛的嚮往、性愛的描述、天體的觀察、哲理的體會、國族的想望、生死的悟通，無不含雜在一起，揉匯於一器。無形中，傅予也為小詩的習作者上了一課：

小詩雖奈米，卻也可以納入無量大的須彌。
語言文字雖有限，靈魂的翔飛卻可以飛出無限。

沒錯，2014，推動小詩寫作風潮，《傅予小詩選》率先踏出了一步！

傅予：《傅予小詩選》
序寫成，書未見發行

2014年1月寫於明道大學開悟大樓

昔日之惜，風華之華

牽繫著過去式的越南，遙遠的法國，關於尹玲，我們所能知道的會有多少？

二〇一四年的四月尹玲寄給我一包剪報，一九六六到六九年，短短長長，未經整理的散文與詩，她說，幫我寫一篇文字吧！

憑著這四年的剪報，純真的、未經戰火紋身、未受生活磨難的尹玲，藉著自己或別人的故事，出現在我們面前，但是，多麼稚嫩，何其陌生！這是我們熟悉的詩人尹玲嗎？

我們都知道，尹玲，本名何金蘭，廣東大埔人，一九四五年生於越南美托市，是台灣唯一獲得雙文學博士學位的詩人：國立臺灣大學文學博士、法國巴黎第七大學文學博士。但是，我們認識越南美托市嗎？認識湄公河嗎？我們知道美托位於美麗的湄公河三角洲的入海口處，距離胡志明市七十五公里，需要兩個小時的車程嗎？我們知道湄公河是一條跨越六個國家的跨國水系，主幹水流就有 4180 公里嗎？發源於中國青海省玉樹藏族自治區雜多縣，流經雲南，這時她叫瀾滄江，經過寮國、緬甸、泰國、柬埔寨、越南而後進入南海，湄公河最後離開陸地的三角洲就是美托。尹玲就出生在流經六個國家、無數個種族的大河下游，水陸沖激、匯聚的三角洲——越南美托，這樣的出生地對她文學的衝擊、思想的養成，我們知道那種震撼嗎？

尹玲是何金蘭的主要筆名，可是我們知道：伊伊、阿野、可人、徐卓非、蘭若、櫻韻、故歌、芩芩，也是何金蘭的筆名嗎？每個筆名的背後都該有個故事，小說、傳奇或者極短篇？譬如，「可人」是「何」字的拆解，但「故歌」呢？故歌，不是放歌，尹玲喜歡唱唱哼哼，但是她有放歌的時候嗎？故歌，不是放歌，所以是「老歌」的文言版？還是法語的音譯？這其間細膩的情思，可以在她早期的散文與小說中尋出一些些端倪嗎？

越南，長期以來與古老中國有藩屬與宗主的關係，十九世紀中葉之後，法國開始殖民越南，越南文化與生活習性，不免深受中、法影響。二次大戰時，日本的力量進入，尹玲在這時候出生，1955-1975 越戰發生，美國軍隊與共產主義相互拉鋸，1969 年尹玲來到反共的台灣讀研究所，1975 年越南淪陷，越共取得政權，尹玲無法重回故土，與家人完全斷了音訊，這樣的焦灼，我們如何能懂？一夜之間頭髮翻白的尹玲，類近於伍子胥過昭關的悲愁，我們如何能懂？整整二十一年，孤單在台，我們又如何能懂得中、越、法深層的文化底流，日、美、台暫時性的撞擊——對尹玲的衝擊有多大？懂得華語、客語、法語、越語，懂得南方各地方言，懂得法國之外其他各國的語言，這麼多的語言，在尹玲心中，相互之間如何翻譯？我們能懂嗎？我的學生余欣蓓以這樣的題目《從戰火紋身到鏡中之花——尹玲書寫析論》研究尹玲，她提出四個方向：「『翻譯』身份——失根漂泊的身份認同」、「『翻譯』戰事——〈血仍未凝〉的進行式」、「『翻譯』身體——〈千年之醒〉的自我辯證」、「『翻譯』存在——〈鏡中之花〉的永恆追尋」，這四個『翻譯』是尹玲文學的另一種隱喻，何嘗不是世間萬事的阻隔的象徵！

這二、三十年來，尹玲或孤獨、或帶著女兒，不停歇地流轉在西貢、台北、巴黎、威尼斯、伊斯坦堡、敘利亞……之間，她是在尋覓，還是在遺忘？

回過頭來，整理（她整理了嗎？）這些未經世事、未經戰事的散文、小說，沉浸在羅曼蒂克漣漪裡的作品。沒錯，我還是想問：她是在尋覓，還是在尋求遺忘？

曾經綻放的純潔的白色花蕊，曾經飛過的一隻白色鴿子，她們在尹玲的文學生命中，一定具有某種震撼性的意涵，在人類戰爭史上，一定深藏某種程度的象徵意義，在台灣的我們，可以容許自己說，我不懂嗎？

2014年6月　寫於臺北

尹玲：《那一傘的圓：尹玲散文選》（散文）
釀出版，2015年01月29日
ISBN13：9789865696603

比人早起的頭髮——我讀向明近期的詩

距離2007年6月3日我為前輩詩人、《台灣詩學》季刊社首任社長向明先生，舉辦「儒家美學的躬行者——向明先生八十壽慶學術研討會」，且出版專論發行，匆匆已過七年了。其後每年一度的濁水溪詩歌節，我都會策劃活動，向詩壇前輩致敬，敦請年輕學者撰述高規格論文，肯定他們在詩壇的成就。向明是這一系列活動的第一名，最早致敬的對象。

從余光中開始，很多人喜歡用「向晚愈明」這一句話形容向明六十歲以後的表現，沒錯，我覺得向明前輩不只是前輩，而且是一位前行者，近十年來，他在創作上的質與量沒有任何前行代詩人可以跟他匹敵，此十年間出過兩本詩集《閒愁》、《低調之歌》，還與艾農、朶思、曹介直等七人出過四本合集，每一集子總有十至十五首詩；此十年間，他在兩岸三地之間的行動也少有人如此頻繁，以台灣詩的推廣工作來看，連續在《台灣新聞報．西子灣副刊》創立「新詩一百問」專欄，在《人間福報》開闢「詩探索」，《中華日報》副刊上與讀者「好詩共賞」，《青年日報》

副刊新寫「窺詩手記」，所以能陸續推出《新詩一百問》、《客子光陰詩卷裏》、《走在詩國邊緣》，《窺詩手記》、《詩來詩往》、《我為詩狂》等詩話專書；電腦網路上的活絡幾乎與少壯派詩人無異，甚至許多詩人望塵莫及。向明，不是年歲上的前輩，而是詩壇開疆闢土的前行者，八十六歲的年紀，平面、紙本、網頁，龍一般上天入海，龍一般呼風喚雨。

譬如說，2007年我以「儒家美學的躬行者」尊稱他，但他何嘗受限於這個小小的稱號。曾進豐教授就曾在詩集《閒愁》的序中說：「詩儒」之稱恐不足以概括，儼然乃「俠者」之流。曾進豐長期與周夢蝶、曹介直、向明等長者定期聚會，宴飲之上，觥籌之間，也正是真情流露之時，向明舉箸之後，舉筆如舉劍之義，必然時有所見，儒者之仁、俠者之義大約就一表一裡，融而為一了。等到《低調之歌》出版，所有的讀者都看到書名的「低調」，以為這就是大家習知的「不願張揚，不想引人注意」，更年輕一代的詩人李進文的序卻看到「叛逆才是向明詩國的王道」，他說：「（向明）詩風於儒雅中潛伏針鞭，文字於簡單處內蘊深意。」鴻鴻的評也發覺「棒棒糖的盡頭」，其實是一個顛覆「儒雅」形象的大逆襲，全書恐怕只有書名「低調」，內容實在是尖銳得不得了、高亢得不得了。上天入海，呼風喚雨，向明，龍一般無可捉摸、無法預測啊！

或許，我們可以這麼說，溫柔敦厚固是成功處世、圓滑作人的應有形像，但詩人這枝詩筆、驅使這枝筆的詩心，昂起頭來應該以「天下家國為己任」，低下頭去也要與周遭低卑的生命共呼吸。所以，既是仁者、儒者，也無妨是俠士、義士，近年來的向明，我們看見那一把燒旺的火在他內心深處燒著，燒出兩岸詩壇所有的眼睛都向往的一片明。

早在上一世紀的1988年，我曾以「由生活中提煉詩的質素，向平凡裡索求詩的偉岸」論述向明，源自生活陶冶、反應現實感受的基調，似乎至今未曾偏倚。最近他蒐集了近十年的詩作，編纂為《早起的頭髮》，仍然依循這樣的軸線在滾動，就像熊國華在評述《低調之歌》時所說，向明的低調是「目光放低、姿態放低、心境放低」：

> 目光放低，指詩人更多地關注社會現實和弱勢群體。

姿態放低，指詩人不以大家自居高高在上，而把以往成就當作起跑線，不斷超越自我，創新求變。

心境放低，指詩人老之將至，淡薄名利，追求人性的本真與自在。

這三低之說，相當符合與《低調之歌》創作期相當的這一部詩集《早起的頭髮》，更符合孔子「戒之在得」（《論語·季氏第十六》）的教訓，但我們也感受到一股崛起的力量，在馴服的、低調的氛圍中，老而彌堅的一撮革命、造反的意志。試讀這首主題詩〈早起的頭髮〉：

尚未脫離夢境的
早起的一小撮頭髮
想要造反麼？
硬挺挺的像那些革命黨人

尚不知道爬梳的厲害
尚未嘗過扣帽子的苦悶
更沒經過剪燙定型的折騰

當然，也沒聽阿Q說過
抗拒會殺頭的
傳聞

革命、造反，其實都是一種浪漫，一種夢想，這一撮頭髮之所以異軍突起，不就是帶著不馴服的叛逆個性。這一撮異軍突起的頭髮，何妨視為向明自我的寫照，除了一九四九年的時代苦難，爬梳使其一致、剪燙使其定型的制式教育、思想檢查，扣帽子所暗示的白色恐怖統治，在事過境遷之後，都具備了戲謔的本質，戲謔是另一種不馴服的表現，向明將現實台灣曾經遭受的苦難，轉化為頭髮的爬梳、剪燙，嘲諷、戲謔，不一而足。甚而推遠歷史的背景，留髮不留頭、留頭不留髮的阿Q式的辮子，也拿來做為另一種佐證，另一種可笑的威嚇。然而，這一小撮頭髮不知悉，不畏懼，堅持著革命黨人的意志，堅持著夢境的理想，硬挺挺地挺立著，這就是「早起」的頭髮，先知的遭遇，前行者的奮力一搏。

若是，向明的生活之詩、現實之作，累積了六十五年的長篇圖卷，就不僅是個人情志的抒發，而是台灣歷史壯闊波瀾裡的浪花。《早起的頭髮》，似乎更需要比頭髮早起的人，發現這種幽微之處。

2014年9月 台北

向明：《早起的頭髮》
爾雅出版社，2014年12月20日
ISBN：9789576395826

水花的柔情裡埋藏火花的激奮——我讀辛牧

從1970年認識辛牧（楊志中，1943-）以來，三十五年了，很長的歲月，總是忘了問辛牧為什麼自稱是「辛牧」？辛，取自前輩詩人「辛鬱」（宓世森，1933-）的辛，還是《紅樓夢．第一回》：「滿紙荒唐言，一把辛酸淚，都云作者痴，誰解其中味」的辛？不論是哪一個辛，總是側重悲辛、艱辛、辛苦、辛勞的辛，何以選擇如此艱困勞累的字作為自己生命的象徵？牧呢？醉臥沙場君莫笑的「沙牧」（呂松林，1928-1986）之牧，還是以冷靜、含蓄的學識長期關心台灣現實的「楊牧」（王靖獻，1940-）之牧？

1970我與施善繼最常出入於台北市南京東路二段一號辛牧在台塑服務時的宿舍區，那時他正主編《台塑月刊》，有一個寬闊的可以會談的空間，我們三人思考的是如何從前輩詩人的羽翼下找到自己的語意，以新的語意創造出不同於前輩詩人的飛翔空間。後來，施善繼找來了還在《笠詩刊》協助編輯的林煥彰，我則推薦在輔仁大學帶領大家經營「水晶詩社」的陳芳明，隨之陸續邀請林佛兒、蘇紹連、黃榮村等人，九條龍的「龍族詩社」終於敲自己的鑼、打自己的鼓、舞自己的龍，正視台灣自己的現實，寫自己的詩。在《現代詩》、《藍星詩刊》、《創世紀詩刊》、《笠詩刊》之後，一個專屬於台灣年輕人（那時我們才二十出頭啊），第一個專屬於年輕詩人的詩社終於誕生了！

很多人惋惜《龍族詩刊》1971 年出刊、1976 年星散，我卻深知這群真正愛好詩的朋友，會在不同的人世間顯現他們的頭角、嘴鬚，一般人見其首不一定見其尾，不知他們是一條真正的詩之龍。試看：林煥彰的《乾坤》，推廣舊詩、新詩、國際小詩，活躍在 Taiwan、Thailand，奔走在港澳之間（港是南港、也是香港，澳是宜蘭蘇澳、也是澳門）；陳芳明的論述，儼然成為台灣主體意識強烈的新文學史發言人；蘇紹連，主持了二十年的吹鼓吹詩論壇網頁，帶領黃里、葉子鳥、陳牧宏等數十位新詩高手，展露頭角，出版［吹鼓吹詩人叢書］；喬林在《人間福報》，默默整理新詩發展史中出現的好詩，仔細說解。他們都是台灣新詩壇真正的詩之龍。辛牧，更是一個顯例，最近的一二十年裏助張默穩住創世紀在新詩界的龍頭位階，讓一個躍動六十年的老詩社活活潑潑「穿越一甲子，跨越兩世紀」。縱觀這一二十年的台灣新詩壇，見其首不見其尾的龍族詩人不是展現出一個「後龍族時代」的文化現象！

辛牧職掌《創世紀》總編輯工作多年，創社六十年的《創世紀》一向以總編輯為其生命核心，可預期的未來歲月《創世紀》如何保有台灣、甚至於華語新詩界的龍頭地位，辛牧的眼界、胸懷、肚量、手腕、腳步，正是大家注視的焦點。

作為辛牧的老友，其實我比較關心的是他的創作。1971 年，龍族時代的辛牧出版他的第一本詩集《散落的樹羽》（龍族詩社），直到 2007 年底才又發行《辛牧詩選》（創世紀詩雜誌社），這樣的創作量，相對於辛牧視之為師為友的八十三歲詩人張默旺盛的創造力，應該自嘆望塵莫及。不過，辛牧作品的辛酸度、辛辣度，卻是個性顯豁的張默所不曾出現的。辛牧的作品不多，也不長，他自己稱之為「隨興耕作，不問收穫」（《辛牧詩選．卷末小跋》），其實這才是真正有感而發的寫作，真正寫詩的態度。

就辛酸度而言，我們可以欣賞辛牧的小詩，如〈茶杯〉：

有時候盛著茶葉淡淡的鄉愁
有時候盛著高粱濃濃的鬱卒
有時候盛著一只空空的大口

——《創世紀詩刊 125 期》（2000 年 12 月）

茶杯，本來就是用來盛茶，喝茶品茗，本來應該是靜宜優雅之事，但在辛牧詩中卻是「淡淡的鄉愁」，顯見茶葉（人生的暗喻），其苦澀多過甘醇。茶杯，本來就是用來盛茶，此處卻用來盛高粱酒，連一個專屬飲酒的杯子都沒有的日子，豈不是「濃濃的鬱卒」？茶杯，本來就是用來盛茶，現在竟然無茶可盛、無酒可裝，「空空的大口」張望著、期待著，生命如此空闊而無可依怙，還能喊出什麼悲痛！

這是 2000 年辛牧的作品。1976 龍族星散，辛牧心灰，直到二十世紀結束那一年，辛牧才像新人一般寫出這樣的詩歌，這讓我想起年輕時他所寫的〈棄婦〉，一樣是三行的小詩，引人唏噓：

被命運推在一邊
沙塵到處
那麼多孩子搶一只風乾的奶
——《龍族詩刊》創刊號（1971年3月）

一樣是三行的小詩，〈棄婦〉這首詩讓我們看見動的意象、悲慘的畫面、煽情的新聞現實性、控訴的吶喊；〈茶杯〉則是幽靜的呈現、和緩的淡入淡出的鏡頭、磨圓的歲月痕跡。這是二十四年的距離，辛牧的成熟，「蛻盡身上的芒刺」（《辛牧詩選．代序》）——只是辛酸還在。辛酸還在，且酸度未減，只是訴說的方式少了青年的氣勢，有了中年的風姿。

至於辛辣度、嘲諷感，辛牧則繼續保有他獨特的黑色幽默、紅色椒麻，在詩壇似乎少有人可以跟他相比。小詩型的如〈鐵蒺藜〉：「鐵蒺藜是最奇妙的植物／唯一可以確定的／他的愛／嗜血／而且根根入骨」（《聯合報．副刊》，2010），兼用「恨之入骨」、「愛你入骨」，讓人在植物卻又嗜血、愛與恨夾纏、鐵與蒺藜糾葛之中，不知如何在現實社會中脫解自己。長一點的詩，如〈雕像〉：「曾經堅挺／如充血的陽具／如今如一只用過的保險套／在廢棄物與雜草之間／在背光與陰影之間／在日落餘暉與黑夜之間／在輕得沒有重量的聲音與嘆息之間／在逐漸的風化與腐敗之間／捕風捉影」（《自由時報．副刊》，2013），以性具、性事的猥賤去比擬政治雕像，則猥賤隨之。最特別的是「在…A…與…B…之間／捕風捉影」的類比句子，一般「之間」型的句式會選擇對比的A與B，如天與地之間、善與惡之間，但辛牧卻選用同質性的詞彙：廢棄物與雜草、背光與陰影、日落餘暉與黑夜、沒有重量的聲音與嘆息、風化與腐敗，看似不同的光影、音聲，卻加強了沒落、朽壞與背棄。「雕像」之雕，讓人不能不想著「凋零」之凋；「捕風捉影」下的豐功偉業，也因此而被八卦化了。

辛牧最新詩集選擇〈藍白拖〉作為序詩、作為書名，是對土霸腦袋丟出的臭鞋，是對土豪劣紳嗆發的巨響?或許，辛牧沒有這種雄心大志，但在相識三十五年後，我確信「辛牧」的「辛」，辛辣多於辛酸；「辛牧」的「辛」，偏酸不偏鬱；所以，也就不同於《紅樓夢》的「荒唐言，辛酸淚」。至於「牧」，看他〈給屈原〉的詩，對現世詩人的嘲弄，那種辛辣的口氣顯然帶點「沙牧」式的酒味。

讀了許多水花的柔情，也讀點埋藏火花激奮的辛牧的辛辣吧！

2014年寫於處暑剛過白露未到的老虎背上

辛牧：《藍白拖：辛牧詩集》

釀出版，2014年10月18日

ISBN13：9789865696429

羅愛以孵夢．孵夢成詩也成林

我認識的愛羅是《孵夢森林》裡的愛羅，也可以說是這兩年（2012-2014）寫詩的愛羅。時間上，兩年之前的之前她因愛而誕生嗎？以愛養生嗎？我不甚清楚；空間上，森林外的愛羅，不寫詩的愛羅，會是怎樣的一個愛羅，我也不甚了了。但是，我知道，從《孵夢森林》裡，我們會遇到真實的人世間的愛羅，甚至於森林外、不寫詩的愛羅。

一開始，你不會喜歡愛羅，至少我是不喜歡的。我對愛的感覺是春風吹拂下飄動的、慵懶的、甚至於有點昏昏欲睡的獅子的鬃毛，即使是凜冽的北風、烈烈作響的深棕色鬃毛，我也覺得那是愛的風之旗。若是齜牙咧嘴，即使面對的是螞蟻、黃雀，我也不會認為那是「微笑」的新造型，何況是浴血的愛！《孵夢森林》卷一就是浴血的愛，一翻開詩集：「浴血的愛」——為什麼這樣沉重？第一節：「一場殺戮」——為什麼這樣血腥？我闔上詩集，深深一呼吸，可以不要這麼沉重嗎？愛羅。

〈浴血的愛〉是一首組詩，從一場殺戮開始，到光影消逝，十二首詩。我一再讀到：

「我將自己馱成一球圓月，……一如祂缽中殘留的米粒。」
「月光送來一只白手套，為一張稚嫩的笑臉，拭淚。」
「一根稻草可築一個夢？」
「將一莖草的春天／落在妳花漾年華？」
「夢裡，窯燒著一抹茶香。」

那重覆的、數字「一」的孤獨，那缽中殘留的米粒，那一莖草的垂墜，我又闔上詩集，深深一呼吸，怎能不沉重呀？即使那「雲朵散去的嘆息」，輕輕的，「宛如走在碎葉上的羽聲」。

這時，你不能不疼惜浴在血中的愛的愛羅。

這時，你會恍然為什麼接著愛羅會走在離「你」最近的地方，因為那也是離「愛」最近的地方。

如此深沉，從浴血的愛開始的愛羅，即使視自己為一根等待風起的羽，你也不可輕忽！

尼采說，一切文學，余獨愛以血書者。應該指著這種浴於血的愛、深沉的愛。

自此，愛羅從心出發，讓愛蔓延。但是那種浴於血的愛的深沉寂寞，內化於她的身體、她的文字，所謂「與怪獸對話」、「遇見寂寞」、「如是想念」的卷名，那樣清楚顯豁地透露著深沉的寂寞，而詩成為她的秘密基地。

她的詩，像星一樣遙遠：

基於對未來的好奇
我用一根稻穗打開了通往天河之門
並，選擇其中一顆星星
作為秘密的，秘密基地

我喜歡的是那樣遙遠的天河，是用一根稻穗去打通任意門。

那麼實在的一根稻穗，那麼遙遠的一顆星，是她的詩的空間。

她的詩也像夢一樣：

既文明又野蠻
就像月光強行在威尼斯河畔上
誰也無法阻攔　〈〈任意門〉〉

誰也無法阻攔愛羅的詩像星一樣閃耀。

愛羅羅愛以孵夢，孵夢成詩也成林。請帶著愛與夢進入愛羅的詩林。

2014 白露前五天　寫於明道大學蠡澤湖畔

愛羅：《孵夢森林》

小雅文創，2014 年 12 月 03 日

ISBN13：9789869102513

後主義時代：2004-2014《創世紀》詩刊觀察

研究詩史，觀察詩刊，一般詩社的歷史很難長久，有時是因為主事者的主張雖然可以標新於一時，卻很難流行於久遠；有時因為時遷代移，環境改易，詩社的聲勢悄然消退。

中國文學史上第一個有正式名稱的詩歌流派，是宋朝以黃庭堅（1045-1105）中心而形成的「江西詩派」，「江西詩派」之名卻是北宋末年呂本中作《江西詩社宗派圖》而得名。黃庭堅作詩喜用典故，主張無一字無來處，他說：「自作語最難，老杜作詩，退之作文，無一字無來處，蓋後人讀書少，故謂韓、杜自作此語耳。」（《答洪駒父書》），這種「無一字無來處」的主張，必須先博學而後始可作詩，但他自己也清楚：「後人讀書少」，他的理想也就難以實現。何況，讀書用典，最重靈活，否則襲故不變，與抄襲何異?所以他又提出「點鐵成金」的說法，期望「奪胎換骨」，師承前人之辭，化用前人之意：「古之能　文章者，真能陶冶萬物，雖取古人之陳言入於翰墨，如靈丹一粒，點鐵成金也。」（同上）但，鐵是鐵，金是金，如何點鐵成金？胎是胎（他人的活胎），骨是骨（自我的風骨），如何置換？如果沒有大學識、大才力，何以為繼？更無法賡續的是個人的氣質、才具，連自己的的嫡親血脈都不一定能完全遺傳，如何去傳承黃庭堅的「去陳反俗」、「好奇尚硬」？

一千年後，2002年以譚五昌、滕雲為首的新時代江西詩人組成「新江西詩派」，試圖在當代語境中建構一種相對規範與嚴肅的詩歌理念、詩歌標準。但是除了共同的江西文化、地域色彩、鄉土情感，他們能建構起何種美學趣味？如何呼應一千年的歷史差距？其實也頗值得觀察。

拉近距離，以日制時代成立於1902年的台中「櫟社」來看，當時規模大，人才多，熾盛一時，可以跟台北瀛社、台南南社，鼎足而三。櫟社所在地霧峰林家的「萊園」，留有1921年林幼春所撰「櫟社二十年題名牌」遺蹟，提起「櫟社」是他叔父林俊堂（痴仙）所倡，林痴仙說「吾學非所用，是謂棄材，心若死灰，是為朽木，今夫櫟，不材之木也，吾以為幟焉，甚有樂從吾遊者志吾幟。」是以「櫟」的無用之用，作為自諷，也作為自許，為保存漢文化而貢獻心力。但在日本殖民政府撤退、新文學興起、大環境改變，漢文化、儒家勢力成為主流之後，立社一百年的2002年，會有「櫟社」的舊規模持續推展、「新櫟社」的建置倡議嗎？

2014年的今天，台灣重要的兩個現代詩社，「創世紀」慶祝創社60周年，「笠詩社」慶祝立社50周年，她們都持續運轉、持續發行詩刊，不能不讓人思考詩社的歷史如何架構、如何書寫？

《創世紀》創刊於1954年10月，在左營服役的三位青年軍官以微薄的財力艱苦經營，形成今天新世紀的規模；從當初32開本，厚實為今天320頁；從「新民族詩型」，走向「世界性、超現實性、獨創性、純粹性」四大標的。這其間二十年的努力，終能獲得楊牧的稱許：刊載好詩密度為各詩刊之第一位（《現代文學》第46期，1972年3月）。直至1972年9月，《創世紀》開放為同仁雜誌，廣納社員；1985年之後，接納沈志方、侯吉諒、江中明、杜十三、簡政珍、須文蔚等中生代、新活水為主編；1999年張默又接掌總編輯職位，但仍邀請楊平、辛牧、張國治、李進文等貢獻新異之想，刺激半世紀歷史的老詩社。最近的十年，方明、落蒂、汪啟疆、辛牧、龔華等人不時進出《創世紀》詩刊，老幹新枝，相互斡旋，維繫著詩社的活水衝擊，維繫著詩社與時俱進的生命活力。依我觀察，這或許是《創世紀》詩刊之所以能夠「穿越一甲子，跨越兩世紀」，改寫詩社歷史很難長久的原因吧！

台灣新詩的發展，約略受到西洋各主義流派的波動，歷史軌跡不相彷彿，幅度震盪不相一致，發展腳步不相齊等，這種影響從日制時代就已開始，而且一再交疊、共構，簡表概略示意如下：

台灣第一首新詩

追風（謝春木）：〈詩的模仿〉（1924年4月）——日文書寫

台灣第一本新詩集

張我軍：《亂都之戀》（1925年12月）——中文書寫

台灣新文學之父的第一首新詩

賴和：〈覺悟下的犧牲——寄二林的同志〉（1925年12月）——台語漢

字

台南　風車詩社：楊熾昌（水蔭萍）——（1933–1936）超現實主義

台南　鹽分地帶：郭水潭、吳新榮　——（約 1931–1940）現實主義

台中　銀鈴會：張彥勳、林亨泰　——（1943–1949）現代主義

現代詩派、藍星詩社——（1953–1970）象徵主義、現代主義

創世紀詩社——（1954–2000）超現實主義

笠詩社——（1964–2000）現實主義、新即物主義

龍族詩社——（1971–1976）現實主義、現代主義

羅青、夏宇、陳黎（1985–2014）後現代主義

這樣的糾葛是現代詩評論家也不一定可以釐清的局面，其中，「創世紀詩社」不論是故意或不經意，有心或無心，都與「超現實主義」夾纏不清。《創世紀》詩刊帶領大家在想像的天地衝撞極限、衝破藩籬，其功歸之於「超現實主義」；《創世紀》

詩刊帶領詩壇創作冷僻之作、極盡晦澀之能事，其過歸之於「超現實主義」；這幾乎是《創世紀》詩刊的歷史宿命。

但蒐集《創世紀》詩刊 2004 -2014 這十年間的《創世紀 60 年詩選》，依齒序排列下來的詩作，最先的兩首是現代派紀弦（1913-2013）的〈假牙及其他〉、藍星詩社周夢蝶（1921-2014）的〈我選擇　二十一行〉，可以欣賞到紀弦的俳諧事件安排，英文人名或真或假的調侃趣味，不相關連的人事物之錯置；也可以欣賞周夢蝶無來由的選擇，令人發噱的人生體悟；這已非「主義」所可拘、所可囿。同理，最後的兩首是年輕的林禹瑄（1989-）、楊婕（1990-），她們所寫的情詩都是類近於呼告型的第二人稱方式在推展，多傳統啊這題目：〈而我醒自你的夢境〉、〈跳房子〉，作夢的唯美，跳房子的童真，她們仍在參與、觀察、書寫，她們一無顧忌，所謂「主義」云云，又豈能限縮她們！耳朵貼在窗上的美好形狀、緩緩受潮的寂寞、髮間碰撞的露珠、斜斜的光，此生坑道雖多總有空地可以練習拆遷的暗喻，所謂「主義」云云，又豈能束縛她們！

近十年的《創世紀》詩刊，根據我的觀察，是屏棄主義之後適性發展的「後主義」時代，《創世紀》詩刊、台灣新詩壇，有了自己的新世紀。

2014 白露前　寫於明道大學

蕭蕭．白靈．嚴忠政：《創世紀 60 年詩選》
九歌出版社，2014 年 10 月 1 日
ISBN：9789574449606

林明德詩路．詩錄林明德

在臺灣，很多人叫林明德，但只有一個林明德的文學生命與我雖有分合卻緊緊相連。康原兄嫂每次在我面前提到林明德，一定是「賃林明德」，那個「賃」的音，在臺灣話的意思就是「你們」、「你家」，林明德是「我們」的、「我家」的—是好是壞與康原無涉，卻與我息息相關，好像我負有絕大部分的責任似的。所以，在臺灣現代詩壇打滾五十年的我，當林明德出版《詩路》時，我能不在路旁為他錄音、錄影、錄像嗎？

林明德在〈為《詩路》說幾句話〉的後記中，提到張秀亞老師「啟迪我們讀詩、寫詩，讓我們在詩歌中尋找一些生命的回音。」引用卞之琳的〈斷章〉、松尾芭蕉的〈俳句〉，我彷彿也回到張老師的課堂，聽到她琅琅的笑聲。林明德提到輔園時代，嚮往先行代詩人，吟哦周夢蝶、羅門、洛夫、鄭愁予、余光中與楊牧……，那時我雖是大一新鮮人卻是《輔大新聞》社長、「文哲學會」會長，許多詩人、藝術家是我辦社團活動邀請來演講、朗誦的，歷史系的陳芳明、英文系的羅青、食品營養系的襲華，應該都曾躬逢其盛。後記中他還提到「大地詩社」、「草原文學」，加上當時我已加入的「龍族詩社」，大約就是我們當時言談中的江湖。集中詩篇〈玄思道上〉的玄思道，是我命名的一條幽思小徑，從文學院大樓左側通往貴子路、泰山，是我們黃昏時模仿蘇格拉底、亞里斯多德沉思漫步的祕密所在，那時「鶯啼蝶影不到」，後來成為「芙蓉流艷」的「情人道」，「而他走在多風的午後」，林明德瀟灑的背影總是如此感嘆著。

夕陽小立
風在林表，此刻
碑石已成為你的名字
你的英挺啞然了，小周
綠苔也驚視那串迤邐的哀傷

那詩中呼喚的小周，是我們共同的朋友白色小馬般的周文浩，二十六歲的英年卻在陪我訂婚後的十五天過世，是林明德、我和綠苔一起驚視的那串迤邐的哀傷……，四十二年後蒼白的髮再讀此詩，依然泫然而泣，不能自己。

大學畢業後的研究所，林明德與我仍然走在相同的古典文學的欣賞與研究路上，只是學校不同了，際遇不同了，交往的對象不同了，我獨沽一味現代詩，走著長遠的路，只單純與現代詩人相互切磋、摸索；他偏向民俗藝術，在廣大的鄉野間走踏、調查。五十年的奮鬥我出版了許多現代詩相關產物，他遲至今日，紀念性地回憶著自己曾經走過的「詩路」，慶幸的是他不忘初衷，從《詩路》中可以看出他產量雖不豐，但年年繫掛著寫詩這件事，或許兩三行或者一副巧對聯，或許幾句話或者一則小札記，只管詩興，不論新舊，只管心境，不論雅俗，《詩路》是林明德自我心靈的田野紀錄，存真，寫實，沒有傳統文人式的虛矯造作，顯現的是民間、村野俗而有力的熱誠、純真、良善。同時，他與許常惠（1929-2001）相似，都從學院、學理，走向民俗、真實，不會把粗糙當做真切，以意識裹脅意志，他們都能尊重民俗為民族，不會假民族自覺去嘲笑不同觀念的同胞，更不會假民族自決去制裁相異的民族。這才是詩最為本質的所在。失去這一點，即使保有詩壇極多數人的呼擁，那是與詩不相涉的成功的社會運動。成功的社會運動中，詩是工具、手段，不是終極的目的；成功的革命行列裡，詩是諧韻的口號、富於韻律的吶喊，從來不是他們理想的心靈境界。

林明德詩中的真，從《詩路》中他看待眾人的深情可以見出，賴和、姜貴、曼德拉，多麼不同的身分背景，神刀施至輝、素人編織家林黃嬌、剪紙藝師李煥章，多麼相異的工藝技巧，都是他關注的對象；柔情似鋼的金門、島嶼情結的澎湖、祖師廟的萬華、文旦的鶴岡，甚至於昆明、你所不曾聽聞的盧侯……，都在他筆下布袋戲般活躍。這種開放，是面對海、面對洋、面對天空的臺灣人胸懷，詩的肚量。近作〈臺灣是我們的依靠〉可以呼應林明德一向的襟度：

> 島嶼族群多元，幾萬年來
> 逐漸凝聚堅實的文化年輪
> 出土文物，拼貼多樣圖騰
> 展現活潑包容的海洋文化

林明德與我有著一段極長的相異軌轍，直到一九九六年他從輔大退休，轉任彰化師大，又與我、我的彰化深深有了盟約情義，十五年間以一個高雄的少年、臺北的學者，卻為彰化文化的根莖、彰化研究的花果，花白了頭髮。作為彰化子弟、作為他的學弟，我深愧不如。2011 年他屆齡退休，我繼續留守彰化，「彰化學」這樣繁重的軛，我俯首承接，昂首而行，雖然會走出不同的軌轍，但我深深佩服林明德所堅持的深情的《詩路》、開闊的文學大道。

2014 年白露秋分之交寫於明道大學

林明德：《詩路》

爾雅出版社，2014 年 10 月 20 日

ISBN13：9789576395796

上詩若水——我讀王羅蜜多新聞詩集

西方人以「地水火風」四大做為物質世界最初的簡單元素，最初的基礎面貌，東方的老子在眾多元素中特別選擇「水」做為「道」的形象用語。如《老子》第四章，形容「道」的形貌，他用了「沖而」、「淵兮」、「湛兮」三個「水」部首的字來肖形、且繪其聲影：

道，
沖而，用之或不盈。
淵兮，似萬物之宗。
湛兮，似或存。
吾不知其誰之子，象帝之先。

「而」、「兮」這樣的虛字，做為助詞用，等同於「沛然」、「浩然」的「然」，可以置換的是「焉」、「爾」、「乎」、「哉」等字，所以「沖而」、「淵兮」、「湛兮」

這三個詞的後面，我都給她們加上逗點，唸讀的時候聲音可以拉長一點，這「沖然」、「淵然」、「湛然」之意，就是清泠冷冽、幽深澄寂，道就這樣飄飄然、淡淡然、靜靜的，瀰滿我們的四周。老子寫的時候押韻，我翻譯為白話也應該是有韻的文字：

道，多麼淡淡沖沖啊！不論如何應用，好像可以無盡無窮。
道，多麼幽微淵深啊！好像是生化萬物的老祖宗。
道，多麼深靜清澄啊！似乎存有，又似乎不存。
我不知道它從那裡產生，似乎在有象、有帝以前就有了跡痕。

老子這樣透過「水」理會「道」，我也這樣透過「水」理會「詩」。

詩，不是淡淡沖沖，幽微淵深的嗎？詩，不是不論如何應用，好像可以無盡無窮的嗎？詩與靈感，不是似乎在，又似乎不在嗎？詩，不是在有語言文字之前就有了一些端倪嗎？

最近，預讀王羅蜜多新聞詩集《颱風意識流》，我覺得蘇紹連跟王羅蜜多所倡議的新聞詩，當然也可以透過「水」領會到詩的真義。

譬如集名《颱風意識流》，颱風是天體，意識是人體，意識而能流是健康的人體，颱風的橫掃直衝與意識的流動，皆非人力所能控制，但又不能說是人力之所未能及。王羅蜜多的新聞詩集寫作，不就是這種意義？蘇紹連說詩若取材於新聞，就不會有斷炊之虞，因為「材料是現實的」，「詩意是抽象的」（蘇紹連：〈詩的現實五重奏〉），現實的新聞材料，日日，時時，在發生，在改變，抽象的心靈詩意，隨時隨地與之互動，那就是現實社會的颱風與心靈意識的相互流動，造就了詩意。王羅蜜多則認為新聞詩寫的果實是豐盛而具有多種可能性，在他看來「新聞詩，是心靈基底面對繽紛世界的回應，亦是內在意識與外在事物的交合。」（王羅蜜多：〈新聞詩．詩新聞〉）這「交合」二字所呼應的的就是集名的「流」。詩是「颱風」與「意識」之「流」。既然用到部首為水的字，我們就可以透過「水」領會到詩的真義。

《颱風意識流》五個字，可以是《颱風．意識流》，也可以是《颱風．意識．流》，這就是上善之水哩！水，可以進入糖或鹽之中，也可以讓糖或鹽進入自己的身體，但是又可以從糖或鹽之中抽離出來，仍然是完好獨立、不沾不染的自己。水，如是；詩，亦如是。王羅蜜多的新聞詩，強調新聞與詩的分合自由，有這種認識，詩能藉新聞而得其材，又可獨立於詩的歷史長河之中不受囿於新聞的時效性，保有詩的屬於水的上善之果及其恆久性。詩人也因而可以獨立於新聞之外，所以他可以或客觀、或主觀地因新聞題材而改變自己的介入程度。

批判，是所有文學工作者面對新聞題材最主要的態度，許多詩人喜歡說：詩人是永遠的反對者。這是佔在政治層面去看待新聞題材，但新聞題材是多面性的，如果是社會的、城鄉的、文化的、溫情的，哪裡是詩人應該站立的反對面？即便是政治新聞，兩黨兩色的對峙中，詩人如何自詡自己的位置是正確的反對面（無關乎政治正確）？

王羅蜜多以自序三的〈新聞詩〉表明自己的角度和方向：

還原一則新聞
還原一堆詞

還原了一個氧化字
還原一張報紙
還原一灘水
還原了一棵掩面的樹
我們讓靈光過隙
喚醒新的一株

早期在臉書或網路上會看見「王羅蜜多」或「密多王羅」，無法辨識其義，也無法確定其序，王羅蜜多所「開示」的，或許是名字只是一種符號，不必深究內裡。新聞或許也可以如此對待，「狗咬人」不是新聞，「人咬狗」才是新聞，這裡無所謂政治正確、道德倫理、科學知識的選擇或判斷，有的只是傳播學的新聞眼、敏銳度。當眾多新聞出現，何者可以成詩，詩人的詩眼、詩人的敏銳度就成為取材的重要依據。我們看見《颱風意識流》中從颱風臉出發，聚焦於天災，卻也發展為情詩、性事。

我們看見〈颱風意識流〉、〈死亡〉等詩，改用圖象詩的裝置藝術去安排字詞。我們看見更多的詩，如〈笑話〉、〈最夯的求婚術〉，是以新聞組合的方式寫成，不是單一事件的萌發。「新聞」而能成「詩」、成「好詩」，那就是詩人王羅蜜多功力的展現了！

超現實主義的「超」，在原來的詞彙中不一定有「超越」的意思，但在新聞詩裡，卻應該有「超越」的精神在。

王國維的「境界說」中，有有我之境，有無我之境；蘇紹連在〈詩的現實五重奏〉裡談到「無我現實書寫」、「有我現實書寫」，無我現實書寫是指書寫者不介入書寫的內容中，有我現實書寫則是民主開放式的書寫：「我」介入現實之中，將任何屬於「我」的情感、思想、想像當作素材，與現實揉合，或加入非現實的東西，一起用「我」的美學觀點去構成詩作品。後者是蘇紹連的理想，而王羅蜜多所實踐的，別人的批判是站在新聞之外或新聞之上，但王羅蜜多卻故意潛入新聞之中，仰泳俯泳，化身變身，自嚐其苦，自得其樂。這樣的新聞詩，因為有「我」的美學觀點去構成，所以就有「超越」的可能。至於「有我現實書寫」會達至有我之境，還是無我之境，那是另一個層次的問題，不是一線通到底的悠遊卡可以實現。

小時候我們常有疑惑，為什麼每天發生的事都剛好填滿八張報紙？處理過新聞詩以後，我們知道求真的過程裡，採訪的第一線記者固然重要，調整的第二線編輯才是塑型、固型的真正高手，而詩人又在編輯之後，他會在浮泛的眾生裡留下哪一顆翠玉白菜、哪一顆白玉苦瓜？王羅蜜多的匠心如何獨運？颱風過後意識如何流動、如何塑型？在在都是有趣的詩學課題。

張愛玲在〈自己的文章〉中說：「凡人比英雄更能代表這時代的總量。」新聞詩的書寫正可以實現這樣的理念。她甚至於堅定地表示：「文學史上素樸地歌詠人生的安穩的作品很少，倒是強調人生的飛揚的作品多。但好的作品，還是在於它是以人生的安穩做底子來描寫人生的飛揚的。沒有這底子，飛揚只能是浮沫，許多強有力的作品只能予人以興奮，不能予人以啟示。」若是，王羅蜜多的新聞詩寫作更要發下宏願，它，不僅是個人「心靈基底面對繽紛世界的回應」，更可以是「以人生的安穩做底子來描寫人生的飛揚」，新聞詩給讀者的是沉潛、洗滌、昇華，王羅蜜多走在正確的路上，我們期待他更多飛揚之作，如水一般可以潛入黑泥深土，如雲一般可以飛翔在天、在山、在谷。

2014年寒露之後　寫於蠡澤湖畔

王羅蜜多：《颱風意識流》
秀威資訊科技股份有限公司，2014年11月18日
ISBN：9789863262947

忑忐接連著忐忑的黃色列車正在行駛中

忑忐接連著忐忑的一列車正在行駛中，我們要在這樣的列車中認識黃里。

關於黃里，寫論文的習慣我會很自然的加上（黃正中，1961-）。

我所知悉的，與一般讀者或許沒有什麼兩樣。黃里，出生於臺北艋舺，畢業於輔仁大學生物系，獲得東海大學生物學研究所碩士，服役於花東地區，退伍後就在花東地區擔任國中教席，娶妻生子，被很黏的花東土地所黏住。

一、畫像裡的黃里

我在臉書上看到他的（自）畫像：

不自覺想起同樣出生於艋舺的、早他十年的白靈（莊祖煌，1951-），想起的不是白靈其人、其詩，不是黃里與白靈在詩作上相會、相通之處，想起的竟是白靈早年所畫的小時候的自己。那是多年前我拜訪位居木柵的白靈公館，牆壁上掛著的一幅圖，

粉彩畫像，菱角型的嘴有著捉弄世界的一抹黠慧神色，瞇瞇的眼睛彷彿要看穿參觀畫像的人，印象最深的是那緊緊皺著的雙眉，深鎖的雙峰，幾乎化不開的濃愁。畫這張畫像應該是白靈在臺灣師大美術系短暫當生徒的時候，證明了白靈的素描功夫、藝術天分，所以，白靈後來的演詩設計、詩的聲光，最近的布演臺灣（臉書），都可以當作是這幅畫像的幅射，另一種藝術才華的延伸。

這兩張畫像的畫者，都是在大學到當兵的年歲執筆完稿，一個選擇當前的容顏（黃

里），一個選擇過去的童顏（白靈），一個黑白素描，一個粉彩妝飾，似乎有著截然的相異點，但仔細一比對，我們都看到了詩人無可或解的煩憂，黃里往下沉壓的嘴角，白靈攢簇的眉峰，難道這就是詩之所由來嗎？

這兩幅畫像都透露著不安的訊息、憂鬱的氣質，我不以為這與艋舺有著地緣關係，因為記憶中紀弦（路逾，1913－2013）的自畫像也如此讓人無來由的揪著一顆心，彷彿詩人都該如此背負人世間無來由的苦難。

二、《詩經》裡的黃里

根據《忑忐列車》黃里的〈自序〉，黃里與白靈曾經錯身而過。那時黃里還以黃正中行吟江湖的時代，白靈在「柯順隆專輯小評」中點名點到他：「最年輕的一代就這樣來了，他們包括了陳克華、王浩威、王耀煌、林燿德、許常德、陳斐雯、宋建德、林宏田、萬胥亭、黃正中、陳朝松、許悔之、羅任玲、柯順隆……，」（《四度空間詩刊》No.2，1985年8月），白靈看到他了，也喊了他，黃正中沒有大聲答「有」，不知為什麼，他，下車了。

如果他跟陳克華（1961-）、陳斐雯（1963-）、許悔之（許有吉，1966-）、羅任玲（1963-）等人繼續在路上、在車上，他現在會在哪一站、吞吐什麼風雲？

但是他下車了！

不過，很多人會在中途下車，愁予、葉珊都是。

很多人下車會再上車了，愁予、葉珊就是下了車又上車的人，黃正中也是。

愁予、葉珊下了車又上車，變成鄭愁予（鄭文韜，1933-）、楊牧（王靖獻，1940-），黃正中先變成黃里才下車，很多很多年以後（2010年）才又上車，還叫黃里。

彷彿是一個新人的黃里。

愁予變成鄭愁予，愁字還在；黃正中變成黃里，黃字還在。但是，「黃里」寓意著什麼？揭露著什麼？我搜尋，搜尋到《詩經》，《詩經》中有黃里：

綠兮衣兮，綠衣黃里。心之憂矣，曷維其已！
綠兮衣兮，綠衣黃裳。心之憂矣，曷維其亡！

我們都看到了綠在上、黃在下，綠在外、黃在裡所形成的憂傷。正中下懷，心之憂矣！青黃雖相接，憂思卻不斷。黃正中改用「黃里」筆名，是否注定要將旅途中的煩憂一直置放在行囊裡，無法卸除？

三、生物所的黃里

黃里在天主教的大學讀生物科系，又轉往基督教大學繼續攻讀生物學。屬靈的Christianity或Catholic大學，生物真實探究、觀察、驗證的生物教學，二者會對寫詩的黃里觸引什麼樣的效應或啟發？這種情況會不會類似於白靈所屬的心靈探索也在化學世界的窗口眺望？是不是有屬於黃里自己的「一個內在的上帝」？

詩中黃里的生命觀或生死觀，是不是在靈與物之間來回激盪？那種真實的、肉體的第一線探索與心靈的馳遊、冥思，是否形成廣大的生命場域，成為黃里詩中掀葉撥枝隨手可以擷取的花果？

黃里曾經測試〈溫度對埃及斑蚊與白線斑蚊幼蟲發育之影響及其成蟲族群介量與產卵行為之觀察〉，是否因此悟及眾生的貴賤憑什麼定奪，溫度的高低對於生命的續存又有何種決定性的影響，生命力會在什麼樣的臨界點爆發？

因此，我們終於知道：黃里的詩所透露的，是對微小生命的能量與向度的思考跡痕。

四、王羅眼中的黃里

跟黃里同時在蘇紹連（1949-）的「吹鼓吹詩論壇」（網路與紙本）活躍的王羅蜜多（王永成，1951-）這樣看待重生的黃里：

「黃里經過了二十多年疏於創作、愛家、敬業的凡人生活，身體安頓下來，心靈卻有流浪感。他內在基底的召喚是常在的，詩的語言於存在的深淵裡總是躍然欲出，山林鳥獸蟲魚都成了觸媒。我想，也難怪他在重出江湖後，很快就釋出巨大能量，而且自喻為重生的詩人。」

「黃里，這位在吹鼓吹論壇中頗能進入他人作品中觸撫作者心靈的版主，赤子之心是常在的。對於黃里的詩創作，從青年時期以至於近期的，我總是感受到一種，發自心靈基底的，『曖昧的哲思，混沌的真純』，以致於流連其中。」（王羅蜜多：〈雨中，詩人敲打我的車窗〉）

不論雨或不雨，我們都要試著去敲打黃里的車窗，欣賞他的『曖昧的哲思，混沌的真純』以及其他的或然，因為黃里已在列車上。

五、《白色的微笑》裡的黃里

再度上車之前，黃里曾有兩冊詩集印行，一冊是《白色的微笑》，除作者名字「正中・B.K.」之外，不曾有任何可資辨識的（出版者、出版地）註記，依其詩末的載錄，大多是 1982 – 1985 年的作品，以標題詩〈白色的微笑〉來看則是年少波動的海上漣漪：

——有一則愛情故事
因詩集的蒙塵與花朵的永生
而結束

是結束了，那時黃里在「悸動的小船」，就像在後來的列車，「顛簸得更不安了」，悸動與不安，船上、車上，黃里一直在這樣的旅途上。

或者，看看總括其意的〈自序詩〉：

輕寂地旋轉在記憶與未來之間

來自遙遠的，
又將歸依於茫然
蒼茫中是誰以犀利的眼眸凝注？
一朵鮮紅的玫瑰緩緩飄落下無盡的黑色深淵……。

那是遙遠的、茫然的、消逝的過往，就像一朵鮮紅的玫瑰緩緩飄落在無盡的黑色深淵……

在《忑忘列車》上，黃里將《白色的微笑》內的47首詩留存了13首，放在輯一的「一張／往事」裡。

預言式的，或者說，鬼使神差地，《白色的微笑》裡就有了一首〈夜班車〉：

狹長走道上幾隻搖擺的手鬆垂，
覆倒的鞋履是癱瘓睏睡的姿態滑落，
他平視隱沒雙肩的椅背如階梯……

玻璃窗上指紋痕跡錯亂蒙昧，
一隻蚊莽撞著列車外流逝的燈火。
是誰拉下百葉扉切割臉孔映影晦黃？

有人驚醒時踢響瓶罐空寂嘹亮，
他聯想——車廂是顛簸的牢獄飛馳著，
被判以昏睡中偷竊城市的罪名。

這是多麼寫實的屬於黃里的東部人生寫照，《忐忑列車》的現實，你我都看到了黃里的顛簸。

六、《紅玫瑰與環頸雉》環視下的黃里

告別了那朵白色的微笑後的兩年，1985-1986、1986-1987，黃里又印行了另一冊詩集《紅玫瑰與環頸雉》，除了黃里，餘無註記。所幸，《忑忐列車》輯一［一張／往事］裡，黃里在 29 首中留下了 7 首。

這時，黃里正在苦思他的碩論〈溫度對埃及斑蚊與白線斑蚊幼蟲發育之影響及其成蟲族群介量與產卵行為之觀察〉，因此有了一首「果蠅遷移力與趨光性實驗」副產品式的詩〈新生地〉。在這首詩中，一開始，黃里就忍不住發問了：「迫於遷移的族群會喜愛何種色彩？／紅色？黃色？／或　藍色？」直到詩末，黃里的觀察只告訴我們「——必在三原色的新生地裡／大量編織我們的夢境……」，甚至於也不告訴我們「迫於漂徙的部落將投訴於何種情緒？／激怒？隨和？／或　憂鬱？」

黃里在觀察微小的生物：埃及斑蚊、白線斑蚊、果蠅……等等，而我們在觀察黃里。我們一樣發現好多好多顏色出現在他的詩中，紅色、黃色、藍色，會是他生命中的三原色嗎？激怒、隨和、憂鬱，會是他生命中最基本的情緒嗎？或者他會從他的實驗室中走出來，如〈酪蛋白——生化實驗步驟〉中所敘說的：

然後，讓我安靜地陷落，

讓生命的回顧從狹窄的瓶頸濾過。
澄清、錯誤的，美麗、或混濁，
我定量的年少啊，已然如此輕輕地滴落。
然後沉澱。凝聚成形。成我最初的原始。
是嬰兒溢滿的柔臀我細細地撫觸；
是歲月的酸味也難以消受的。然後，
我忘卻了哀愁著什麼與乎什麼是哀愁。
然後，輕輕地滴落……。

那「滴落」的歷程，經過了沉澱、篩濾、昇華或淨化，他會有他的七彩吧！〈給一位藝術家的妻子〉中「從那層層黝黯如窗影的眼暈／幽靜的身姿緩緩地走出……」，出現了：蓊鬱如藻的髮幕，水衣蒼藍的波紋，優柔的白色花葵，嫣紅如貝的唇，一襲紫色的步徑上青綠的草衣，深藍色環繞的臂彎，深藍色軀體微微佝僂的倦意，如花的白色指瓣，溫室之外陽光燦爛的藍天，叢叢放射著橙紅色脈絡的孤挺花。不再只是「激怒、隨和、憂鬱」的三原色，所以可以很欣慰地跟孩子說「你來自愛」。

七、列車上的黃里

2014年12月黃里推出他正式出版的第一本詩集《忐忑列車》，幽默分輯，依自己清晨上班前在火車站自動販票機上所按的鍵：〔一張〕、〔普快〕、〔成人去回〕、〔海端〕，分為四輯，再加上圖文小詩〔普快上的五四運動〕的附錄，令人莞爾，有著祛除讀者心中不安的寧神作用。

如果依據黃里〈後記〉、〈自序〉與〈放逐與重生〉所言，〔一張／往事〕輯入大學、研究生時代作品，亦即前述二冊詩集《白色的微笑》、《紅玫瑰與環頸雉》之選集，應該屬於放逐時代的作品，其他各輯才是重生後的作品。重生後的作品是回歸到現實生活的實錄，〔普快／日子〕是瑣碎日常生活的點滴感觸，〔成人去回〕是「成人世界的苦惱，凝重到飄忽不定的、失控的憂鬱愁煩，以及難以喘息的思親」，〔海端／界外〕雖說是界外，卻是關懷現實世界重大議題的詩作。〔普快上的五四運動〕是攝影與小詩的結合，當然是有所見之後的有所思，實之後的虛。可以說，《忐忑列車》

是現實裡的列車，個人的新聞觀感，或可呼應蘇紹連、王羅蜜多的新聞詩寫作。

［一張／往事］是黃里（正確的說法是黃正中）大學、研究生時代作品，剛剛接觸現代詩時的創作，那時也正是陳克華（1961-）等人以現代主義的新姿衝刺詩壇的時代，現代主義內化的焦灼與黃里心中潛藏的不安，是否因為頻率相近，渦漩擴大，讓黃里選擇了「放逐」，已經無從釐清。2010年十月的一個傍晚列車上，黃里讀到周夢蝶先生（1921-2014）的〈風——野塘事件〉，使他重拾詩筆（見黃里部落格［放逐與重生］http://blog.udn.com/rainorhwang/8565028 置頂之作〈重生〉）。重讀〈風——野塘事件〉或許可以稍稍體會黃里當時心中的震顫：

〈風——野塘事件〉　周夢蝶

難以置信的意外
據說：你是用你的魚尾紋

自縊而死的

乍明乍滅還出
一波一波又一波
綺穀似的，
啊！那環結

多少憂思怨亂所鑄成
自乍起
而不能自己的風中
只一足之失
已此水非彼水了
依舊春草
依舊燕子、紅蜻蜓
雲影與天光 ——
你，昨日的少年

昨日的
翩翩，臨流照影的野塘

無邊的夜連著無邊的
比夜更夜的非夜
坐我的坐行我的行立我的立乃至
夢寐我的夢寐——
門，關了等於沒關
應念而至：
燭影下，相對儼然
儼然！芥川龍之介的舊識
魚尾紋何罪？野塘何罪？這疑案
究竟該如何去了結？紅蜻蜓想。

至於那風，燕子和春草都可以作證：
「他，只不過偶爾打這兒路過而已！」

〈風——野塘事件〉選入向明（董平，1928-）主編《七十九年詩選》（爾雅版），黃里坦承自己就在1990年這一年停筆，因而感觸更大，尤其是「多少憂思怨亂所鑄成／自乍起／而不能自己的風中／只一足之失／已此水非彼水了」，心中積壓已久的慌亂、惶惑的不安情緒，竟在剎那間卸除，頗有死過一回而頓悟前非的感覺，他寫下〈重生〉紀念自己的覺醒，也紀念這段因緣。不過，正如周夢蝶此詩最後兩句：那風，「只不過偶爾打這兒路過而已！」但，這段夢蝶因緣卻是無意促成有緣，也是詩壇佳話。

從此以後，黃里對於詩有些瞭然於心：「終於感到不必著急／我在這樣的午后等著一首詩／孩子們在擦窗／至少這一刻／鳥兒也感到不必急於衝撞／孩子們的喧嘩聲／也與樹上的紅嘴黑鵯在較量／他們做事很不專心／頻頻偷看運動場上有人在操兵／教練的吆喝聲好像敵人來了／我卻感到心中無比的沉靜／在這樣的午后等著一首詩」（〈我在這樣的午后等著一首詩〉），從此，他可以用無比沉靜的心，等待一首詩。

甚至於將自己譬喻為一株〈浮水蓮〉：

——我從未忘記你
初次注視我時發出的感嘆句
我彷彿仍聽見綠藻也為你唱和
是他們指導孔雀魚如何歌詠
如何游出我暗示的韻腳
是他們日夜將我抬升
讓我構思未定的苞莖漸長
意象鋪陳的芬芳也開始醞釀

我從未忘記你
初次注視我時臉上的微笑
我是一朵

剛浮出水面的睡蓮

（〈浮水蓮〉末二段）

或者，十分正確的從〈水族之眼〉去看世界：「你確實注視著我／但你沒有看到飛鳥的凌空／獸的信步踟躕／未曾嗅過退藏入岩洞的／懇求」，詩中的「你」是外在的世界，「我」是水族之眼，外在的世界仍然不了解我，我卻沒有不被了解的焦急。

這些［普快／日子］的詩，可以作為黃里的詩觀看待，舒緩的生活腳步，舒緩的讓詩自我形成的［普快／日子］。

甚至於到了［成人去回］，將夫妻情意寫進詩中，也將自己與文字的不解之緣糅入詩中。從〈雙人半日遊〉中，我們看到的是夫妻情愛與尊重，文字琢磨與尊重，萬物並行與尊重：

我問你需不需要水。已先飲盡列車離站後的蕭索。你提著懷舊月台便當轉身。我在車外。你在車內。我們終究要像軌道繼續走下去。文字橫陳在我們之間。

我將自己囚於文字的牢籠。你不能明白為何辛苦琢磨。一塊磚將自己送入窯裡。我央求一生一世中的一個夜晚。讓我看見燒出自己的黑煙有多黑。這些以後也註定要傾頹的文字。荒草漫淹並且固黏著一層焦灰的硬物。你抱怨每一塊磚的名字都叫「朦朧」。一條撐傘的影喚我出來。我嚐到渴望你來探監的相思。我在牢裡。你在牢外。我們終究要像牆壁繼續背對著背。文字龜裂在我們之間。

（〈雙人半日遊〉首二段）

我更喜歡〈一粒小石頭〉對詩的體會，那是將憂愁這粒小石頭拿出來摩挲摩挲，也給萬千世界見識見識，最後像保存一塊寶石一樣又放回她該在的位置，憐惜地拍了幾下：

我將憂愁這一粒小石頭

從上衣左邊口袋
慢慢地　拿出來

給九重葛看一看
九重葛將僅剩的綠葉
開滿了壓垮圍牆的紅花

給芒果樹舔一舔
芒果樹滴落濕黏的蜜汁
燕子在濃蔭裡穿梭

給火車聽一聽
火車吼了兩聲：嗚……！嗚……！
警告我請勿闖越平交道

我將憂愁這一粒小石頭

放回上衣左邊口袋
再輕輕地　拍了幾下

憑著這樣的詩作、這樣的認知，黃里可以勇健地在列車上直馳。當然，偶爾寫一些實驗性的圖像詩，偶爾進入社會事件的現場吶喊，偶爾聽一聽老鑼（Robert Zollitsch）作曲、龔琳娜演唱的〈忐忑〉歌曲，在笙、笛、提琴、揚琴等樂器伴奏下，運用戲曲鑼鼓經的快速節奏，誇張、變形，再加上不一定具有意義的神秘歌詞，終而被稱為「神曲」，這樣的〈忐忑〉歌曲或許對同在「忑忐列車」上的黃里，會有另一種啟發。

對於輯四［海端／界外］的寫作，比較出乎我的意料之外，我疑惑的是：為什麼不將「海端」放在集內加以審視？「海端」，地名，是布農族語「Haitutuan」的截短譯語，原意是「三面被山圍繞、一面對外敞開」的虎口地形，這樣的地形、這樣的人群，有著太多可以書寫的內涵，有著其他詩人所不能及的特殊性，輯名既然是［海端］，就好端端寫「海端」（漢字的字面意義：海的端涯、海的另一端），其實也有「去熟悉化」（defamiliarization）的豐富寫作資源，如今卻以海端為此端去寫界外，東部的列車跨界到西部去了，雖然有著放大視野的意義，但也失去聚焦列車車程的書名、輯名設計。

至於，「忐忐忑忑」（ㄊㄢˇㄊㄢˇㄊㄜˋㄊㄜˋ）與「忑忑忐忐」（t t tn tn），誰比較不安，作為詩人的黃里早該在下船、再上車的時候就拋除了吧！

2014 年立冬　寫於明道大學開悟 432 室

黃里：《忑忐列車》
秀威資訊科技股份有限公司，2014 年 12 月
ISBN：978-986-326-307-4

張默，水汪汪的晚霞水汪汪的晨曦

2015年6月，八十五歲的張默先生（1931-）要出版他的最新詩集，包括新世紀之初他所寫的〈無為詩帖〉（2000），其後的〈時間水沫小札〉（2006）、〈為建築揮毫〉（2008），以至於2014年的創作，十五年合計八十七首作品，命名為《水汪汪的晚霞》。他戲稱這可能是今生最末一本詩集，但看看他這兩年的產出，誰敢說，未來的某一年，張默不會鑽出另一個藝術成品？

一、水汪汪與氣霍霍

這兩年，張默以毛筆抄謄1950-2013詩人代表作的〔臺灣現代詩長卷〕（長10公尺、高45公分）十卷送交國家圖書館珍藏，另有長3公尺、高45公分的臺灣新詩卷軸兩百卷送存《文訊》雜誌社，所抄謄之作是他主編設計的《新詩三百首》（九歌版）篇數的兩倍多，工程浩大，耗時費力，有如愚公移山，張默雖跟愚公一樣年近九十，但上帝沒有賜給他大力神夸娥氏二子協助，張默獨力完成了，令詩壇驚嘆。後來這些作品由九歌出版社集結成書，成為臺灣首部新詩手抄書：《台灣現代詩手抄本》（1950-2013），概分「創世紀同仁卷」（從洛夫到楊寒61家）、「創世紀摯友卷」（從覃子豪到陳允元76家）、「年度詩選編委卷」（從蕭蕭到白靈10家）、「現代女詩人卷」（從陳秀喜到林禹瑄39家），繕寫四代詩人一百八十六家，六百三十餘首詩作。墨黑的勒、努、掠、磔筆法與磚紅的閑章，正應了臺灣俗話「紅美、黑大器」，相間有序，為臺灣新詩添了錦、上了繡。

相對於此，明道大學為他出版的《生命意象霍霍湧動——84歲的張默．60歲的創世紀》（2014）詩畫聯展的經摺本，就顯得簡而微了！不過，卻又呈現張默水墨另一種「精而美」的戲耍趣味。

這種戲耍趣味，還要欣賞《戲仿現代名詩百帖》（九歌，2014）這本書，這是張默近兩年另一個別出心裁的新點子創作，戲仿或稱諧擬（parody），在張默之前就有孟樊（陳俊榮，1959-）出版《戲擬詩》（秀威資訊，2011），孟樊認為：戲仿的原意是「在旁邊唱的歌」（a song sung beside），亦即對一首嚴肅的詩所做的滑稽式的模仿（《聯合報副刊》，2014.12.6.）。戲仿，雖然說亞里斯多德的《詩學》中即已提及，但要到後現代主義興盛期加強「戲」與「諧」的部分才成為大家仿擬的顯學，以一個歸屬於超現實主義的前世代詩人，張默竟也粉墨登場，不僅在旁邊唱歌，更以這種戲仿諧擬進入「主場」，這不正是一種聲氣霍霍的生命意象？

2010年張默初登八十，我們即以「生命意象的霍霍湧動」為主軸，為張默先生舉辦學術研討會，這霍霍之氣暨顯現為他詩中的聲律，更是他生命活力旺盛的徵象，虎虎可以生風，霍霍必然成勢，張默其人其詩，再沒有更恰適的詞語可以形容了？

所以，這次晚年之作《水汪汪的晚霞》，雖以晚霞為名，卻非暮色、黃昏之黯沉。不僅霞光萬丈可期，更多了水汪汪的潤澤，彷彿朝陽、晨曦那種可吹可彈的韌力，Q彈有勁！

二、無為的翅膀與無為的詩

《水汪汪的晚霞》最頭前的一輯是〈無為的翅膀〉，是這冊詩集寫作最早的作品，原名〔無為詩帖〕，完成於2000年。張默是安徽無為人，整輯作品是鄉人、鄉物、鄉事的追懷與感思，張默的原意或許在表達自己從家鄉無為振翅起飛，但在讀者的欣賞裡，無為的翅膀可能是「自在飛翔」的隱喻，這種誤讀無損於對張默作品的體認，甚至於因為這種誤讀而更能放開胸懷，隨著張默無來由的旋律、不規矩的句法、隨興的振幅而滑而翔。無為，張默的出生地，竟然也是張默「詩」的出生地。

試看這些詩題：

天窗，莊周的蛺蝶
簑衣，腳趾讀著
磨墨，步履遲遲
水車，一格格春天
土地廟，矮矮的燈海

那一句不是橫空而來？
好像詩人不曾施加任何作為，一蹦就蹦了出來。
仿照他的《戲仿現代名詩百帖》，我這篇推薦文的題目就定為：〈張默，水汪汪的晚霞水汪汪的晨曦〉，不就是從首輯作品的詩題得到靈感，在詼諧有趣之中，點出了張默晚景之作卻又充滿朝陽的活力？不過，〈張默，水汪汪的晚霞水汪汪的晨曦〉，看似隨手捻來的無為之作，在我，原是有意、有為的，這樣的文題是「暗喻」的句型，我要說的是「張默（作品）是水汪汪的晚霞，卻也是水汪汪的晨曦」，兩層相對的暗喻，矛盾的存在，可能直指張默詩的直白內涵。若是，張默的詩題真是無為而為嗎？

這冊詩集的末輯輯名是〈詩．發芽變奏〉，試看這些詩題：

詩，張開海藻般柔柔的翅膀
詩，喋喋不休的獨步
詩，別癡心玄想，拐杖會扛起你
詩，發芽與變奏同遊
詩，重量以及騷味

他們採取與首輯相同的造型，卻是以詩說詩，整整一輯是張默詩觀的總集合，無來由的集合。

所以，這部詩集的首末二輯，以相同句型的詩題，作著首尾的呼應，張默有意還是無意地暗示著我們：無為地從自己的故鄉振翅起飛吧！要降就降落在毫無心機、不必作為的詩的草原。或者，草原之外。

是耶？非耶？無為的翅膀、無為的詩，為而無為的張默。

三、為建築揮毫也為時間定錨

《水汪汪的晚霞》其他各輯的詩作，可以用輯六〈時間水沫小札〉的編輯方式加以解析。輯六暨以水沫小札為名，詩作都在三行、五行之數，約略是詩壇習稱的小詩。張默曾出版《張默小詩帖》，編輯小詩選，揭示他對小詩的立場：「一首小詩，是一個玲瓏剔透的宇宙；一首小詩，是一片茂林修竹的風景；一首小詩，是一幅氣韻生動的素描；一首小詩，是一抹隱隱約約的水聲。」因此，《水汪汪的晚霞》也以小詩篇章居多。

〔時間水沫小札〕分寫二題，一是為建築揮毫，共十一帖，每帖五行，詩後附記：2008年6月9日，《中國時報》曾刊出一系列全版房屋圖樣，係海內外建築名家設計，令人動容，故以詩誌之。換句話說，這十一帖作品是為建築設計圖而寫，眼中有實物，心中起漣漪，將眼前的實景實物幻化為濃密多雲的情意，如〈水墨狂草——題臺灣劉育東建築設計圖〉：

一種稀有的火焰
一種帥氣的一撇
一種典雅的韻味
一種彎曲的上升
它，悄悄刀削一方方，不言不語的泥土

相同的句型，竟有不同面向的發展；四個相似的句子之後，突然升起一句愕然的相異刀削句；是水墨單純的黑白，卻見無可捉摸的狂草亂舞。不離於張，也不棄於默，既默且張，已張卻默。張默的詩，詭異的組合，矛盾的和諧，歡喜偶遇，隨處可見。

這種為實景實物而寫的詩，如輯三〈阿里山獨白〉，為具象的和南寺、溪頭、太魯閣、阿里山、九曲溪、草千里、泰姬瑪哈陵，創作嘩啦啦的詩句。又如輯四〈群山不翼而飛〉，是為石濤的水墨小品、楊柏林的銅雕、徐瑞的畫作、楚戈的繩結、程逸仁的陶藝、阿爾普青的雕塑而寫，要我們從往昔跌落的歲月輕巧撿拾初生時稚嫩的側影（張默〈打呵欠的貝殼〉詩句）。

〈時間水沫小札〉輯中的另一題，就是從 86 首挑揀出 20 首的〈時間水沫小札〉，全是三行小詩，為抽象的「時間」造像、定錨。多少年後，說到「時間」，說不定我們就會歌詠出張默的詩句：「一輛，滿載時間的手推車／靜靜在落葉繽紛的大地，播種／莫非，那是鄭板橋酒後最得意的狂草」。——同時我們也會發現：狂草，出現在〈水墨狂草——題臺灣劉育東建築設計圖〉的實景閱覽，也出現在〈時間水沫小札〉的抽象書寫；狂草，竟然在張默的詩中出入於「虛實」之間，「動靜」自如，蔚為張默得意的藝術；狂草的野放，或許是張默心中猛烈衝撞的那頭藝術，即使八十五歲，仍然在尋找生命的原野，開朗闊大，橫無際涯。

這種「狂草」似的作品，包括微型的輯三〔夢想的立方〕、常態的輯五〔為月光打鼓〕。輯三〔夢想的立方〕，類近於水墨小品，是將人類的夢「立體化」，如：

它的面貌似誰
為何常常躲在我的腦海
遠眺以及潑墨

哦！夢著火了
它，燒掉了我半截
詩的翅膀

擷取心靈的一點悸動，輕輕點化，著墨不須多，而境界全出。

輯五〔為月光打鼓〕，則是蒼蒼白髮的張默，兀自獨坐時自我的冥想、探索與觸摸，試讀〈不堪堅持的赤裸〉這樣開始：「不熟悉黑暗走路的姿勢／卻還自大張旗鼓的跳躍／不體現漢字爬行的速度／卻喜臨摹張瑞圖的狂草」，這一輯詩或者說張默這一生的詩，彷彿就從這裡開始他狂草般的衝刺。所以，放棄理路、規矩與藩籬，才能進入張默的詩中，甚至於不要顧忌張默臨老小小的警惕：

請千萬千萬不要再撫觸

我那滿罈搖不動的，難以詮釋的，悠悠千載之惆悵

2015 年立春後，寫於明道大學

張默：《水汪汪的晚霞》

印刻出版，2015 年 6 月 9 日

ISBN13：9789863870418

海不足於形容許水富何況是島現代主義後現代主義以及虛無

一、顧盼自雄的詩人

許水富說，這是他的第十本詩集，定名為《噪音朗讀》。我相信這樣的書名不會跟人家相撞。一般人，即使是詩人，可能選擇「噪音」，也可能選擇「朗讀」，卻不會選擇將「噪音」與「朗讀」緊密連接在一起。他的寓意是：即使是噪音，也要朗讀？還是：即使朗讀，還是——噪音？

許水富結集之作，我未能遍讀，我只熟悉最近的《多邊形的體溫》（唐山，2007）、《寡人詩集》（唐山，2009）、《飢餓》（唐山，2011）、《買買詩集》（釀，2013）以及《噪音朗讀》（釀，2015）。詩人方明在讀過這些詩集之後，說：「從書名中可隱約感受到詩人的『孤冷』，以及詩人以銳力的目光審視現實生活中各階層的節奏。」（〈咫尺孤寂——顧盼詩人許水富〉，《幼獅文藝》2014.3.）。對於方明說的『孤冷』的『孤』，我贊同，可以呼應方明題目「咫尺孤寂」；不過，對於『孤冷』

的『冷』，我不表贊同，因為讀過許水富詩集，讓人覺得一身燥熱，不僅近距離可以感受到許水富的呼吸急促，遠距離也一樣聽聞得到他故意大聲朗讀的「噪音」，我寧願稱之為休火山似的『孤熱』，這時的許水富真是一位「顧盼詩人」，我這樣的說辭，自有我的依據，依據的是許水富自己的〈詩觀小記〉：

> 字句成型來自對細微生活的感悟和覺醒。詩人所處的國度必然有他的人生 溫差。雪或火鑄都是一種行走的姿勢。在自己的位置，透過世界觀，發亮詩的共鳴性。我喜歡在靠近冥想和磨損的線索驚駭中找詩的昇華，若沒有詩，我日子將塗炭，膚淺不堪。幸好，有詩，可以窺視龐大的自己。
>
> （《乾坤詩刊》69期，p.1）

窺視龐大的自己，就是顧盼自雄的一種自信。在雪和火鑄的溫差中，他會選擇火，選擇昇華，選擇發亮。

以五行的質性來確立歸屬，除了火，許水富還能歸屬何處？——或許是水，卻是容易接近沸點的水；如果是土，赤道或兩極是他的座落處；可以是木，容易鑽得火星；可能是金，輕輕碰擊，火花四迸。——若是，『孤熱』的火不是最為允當嗎？

二、燦爛濾過孤獨症候群

沒錯，他就是一個有著嚴重的「燦爛濾過孤獨症候群」的人。

這是白靈診斷後定調的。

白靈不用「火」，他用「燦爛」。

一般人將「燦爛」等同於繁華、風光、熱鬧、慶典，接近於爆竹、煙火、狂歡、喜慶，但白靈認為許水富的「燦爛」是砲火落在門前的燦爛，是童年不斷在炮光、淚光和星光中開花的「燦爛」（〈被燦爛濾過的詩人〉，《多邊形體溫》序），不也就是「戰火」的「燦爛」？

白靈認為在同齡的詩人群中，許水富最像杜十三，都是偏離正常詩軌最遠的兩位，白靈曾以普遍性的語言說杜十三是屬於火，他是火焰之子，火是沒有形狀的，無法確知自己燃燒的模樣或方向，杜十三最終燃盡自己的一生，把熱獻給世界，『把光獻給天空』。

基本上，詩也具有這種「火」的能耐，詩所使用的語言往往改變他原來的意涵，衍生出不同的能量。許水富與杜十三都是詩壇上最擅於點火搧風的高手，燃燒語言原有的、獨立的「質」，產生新的詩的「能」。而且，在不同的，位置，各自，孤獨地，燃燒。

三、絕不斷醉或斷絕不醉？

許水富之所以與杜十三相近，最大的緣由來自於他們都以「混雜眾有、交構媒材」（白靈語）的方式，產製他們的詩集。如許水富最初的詩集《叫醒，私密痛覺》封底上說，這是一本「生活、詩畫、廢墟出土的殘缺作品」；《多邊形體溫》則是「詩．散文與手抄字的眾生」；至於《噪音朗讀》會以甚麼樣式出現，我們拭目以待、或者洗耳恭聽。

或者，跟張默一樣，從醉想、斷想、絕想、不想出發（《寡人詩集》序），可能「絕不斷醉」，也可能「斷絕不醉」，只是「絕不斷醉」或者「斷絕不醉」，都是金門詩人的特質——「醉」到底。留下孤獨的「想」。

沒有部首的夜。喉底遼闊
一半身世有酒大滌
（〈鄉關四帖・酒夜〉）

張默看透了金門詩人許水富「從醉想、斷想、絕想、不想出發」，我卻警覺到，所謂「醉想、斷想、絕想、不想」呼應著《金剛經》的「應無所住」，「想」則呼應了「而生其心」，「應無所住而生其心」，只有勇敢的「斷」，才有勇敢的、新生的「想」。

四、詩是詩者的噪音

然而，不論多麼勇敢的「斷」，都是偶斷，如藕之斷，必有絲「思、詩」相連。

當我們在思考許水富何以選擇「噪音」「朗讀」？其實在《寡人詩集・自序》裡，以淡淡的反白字，許水富說：這嚎啕寂寞原是詩者出竅的魂魄。

詩是詩者的噪音
一字一字的錘鍊。篩洗
筆尖唾液啄出沉默。甚至症狀
在諸多血肉語言轉世
破土萌生。美麗的聲音
一字一字唸給滄桑的人聽
這嚎啕寂寞原是詩者出竅的魂魄

詩是詩者的噪音，一字一字錘鍊，我們怎能不細細低吟，或者豪聲朗讀？這嚎啕寂寞原是詩者出竅的魂魄，我們怎能不細細低吟，或者豪聲朗讀？

五、至於海之種種虛無譬喻……

看來，海是無法形容許水富了！

許水富可以短到兩行：「在一截背影聽到死亡／在一條細線聽見時間的叫喊」（〈占卜〉），以小見大，以微知著，敏感到在細線裡聽見時間，理性得在背影的模糊影像中嗅聞死亡的騷味。這不就是現代主義、存在主義、虛無主義的常態性工程？許水富以兩行詩句推翻那些造作的架式。

或者，許水富以32行去記述「成長」，上一世紀的文青如何將夢與現實雜揉，一點一點左傾、頹廢的可能，禁書、戒嚴、酒精、吶喊之追尋與抵禦：

雨在哭。窗外的老年代

革命和一朵朵帶刺庇護的玫瑰
歷史鑼鼓。燃燒夢的記憶
離開或著坐困駐居
星羅棋布的在廣場演示人世風景
主義與浪漫。漂浮激越
靈魂荒景。混合信仰聲音
長長牯嶺街種植茂盛左派
新公園堆滿空酒瓶和鼾聲
書頁之外。我們吶喊混血搖滾
小小台灣意識的對撞和甦醒
島嶼巷弄。懷裡有陳映真以及多數的楊青矗
穿過黑夜。失語的真理雷鳴翻騰
手稿墨漬未乾。隆隆序曲著火
那些掄筆胸膛起伏動魄的繼承
我們沿向理想的萌芽杜撰閃亮情節
中山北路像一部寫壞的小說

典故與囈語妥協
明星咖啡屋重返客體文化發言
殷海光與黃春明撐著雲層狂瀉裡的月光
我們在硝煙如霧的杯底找位置
我們攔淺在詩詞意象中眺望
那些年。那些遙遠而生澀的乾坤流轉
禁書和佈滿戒嚴的流亡覺知
如此撼動的回答力量
我們習以為常的存活下來
像晴朗天氣。一株土壤的小芯
在光影傾斜的日照喘息。重返
滿載筆畫回音。觀點
聽身世風雨描述。書寫和歸位
諸多辨證。日子緩緩裡的空境
繼續行履。繼續清唱。繼續建構

這不是浪漫主義者的革命思想？這不是虛無主義者的矛盾？他們都在許水富的心中衝撞。

海之種種虛無譬喻，顯然不足於形容許水富，何況是島、現代主義、後現代主義以及虛無諸如此類等等，何況是詩、創意設計、工商書法、POP、手抄字、散文等等。——但是，拋離這些又何以認識島、認識海與洋、認識許水富和他的噪音？

2015 年驚蟄　寫於明道大學蠡澤湖畔

許水富：《噪音朗讀：許水富詩集》
釀出版，2015 年 08 月 06 日
ISBN13：9789864450305

相對有詩，絕對泛論——泛論曾美玲的《相對論一百首》

2011年7月底，曾美玲老師辭去老師兩個字，結束了她的高中英語教學生涯，期望自己以永不熄滅的愛與熱情，繼續詩創作，好像宣示她的決心一般，半年後推出她的第五本詩集《終於找到回家的心》（釀，2012），表明寫詩是她的回家的路，詩是她永恆的家，詩集上鐫刻著「但願她的詩，像一條清明的河流，帶走千萬噸虛無的慾望」。

辭去教職四年後，詩人曾美玲果真出版《相對論一百首》（書林，2015），詩質與哲思同樣清澈，頗有印度詩哲泰戈爾（1861-1941）的情味。

「海啊，你在說什麼？」
「是永恒的疑問。」
「天啊，你要回答我什麼？」
「是永恒的沉默。」

玫瑰抬起頭
炫耀短暫的青春
小草彎下腰
靜享豐美的大地

泰戈爾不以四行為限，曾美玲卻選擇固定的四行詩寫作相對的哲理性思考，台灣許多詩人都曾階段性選擇固定詩行作為表達的形式，選擇奇數的如白靈的五行詩、游喚的七行詩、蕭蕭的三行詩，選擇偶數的如瓦歷斯・諾幹兩行、林煥彰六行、岩上與向明八行、向陽與洛夫十行、孟樊十二行、張錯與王添源十四行。曾美玲與最近乾坤詩社的劉正偉都選擇了四行詩，與傳統詩的絕句句數相當，絕句雖四句，卻有「起承轉合」的變化，劉正偉以編者的身分集中在四行作品的選擇，並出版《新詩絕句一百首》（釀，2015），作為他形式堅持的美學基礎，但曾美玲應該是站在「相對論」的立場，採用兩兩相對的四行詩最容易掌握的這種便利吧！

如上舉〈玫瑰與小草〉，前兩行寫玫瑰，抬頭、炫耀、青春短暫（時間），後兩行寫小草，彎腰、靜享、大地豐美（空間），很自然形成前後兩段的對比效果，操作簡易，思慮清楚，適合寫作組詩，在這本《相對論一百首》中，如〈山與雲〉、〈海浪與貝殼〉、〈嬰孩與老人〉、〈飛鳥與游魚〉、〈流浪與守候〉、〈紅花與綠樹〉等詩都是這種思緒在推演，幾乎佔去全書四分之一篇幅，不過，如此制式寫作，自然有寫作上得心應手的地方，但也容易形成惰性，因利就簡，讀者會產生疲態，失去閱讀的興致與樂趣。所以，前舉諸位詩人的限定行數寫作，大多為階段性的嘗試，還不曾有人定為終身奮鬥的目標，何況是這種前後對比性的寫作，曾美玲深知其利與害，在這一百首詩的寫作上，她幾度思考：如何在「相對論」的既有立場，固定的偶數四行掌中，翻轉出不同的風景？

「相對論」的內容，固定的四行形式，曾美玲嘗試了好幾種表達技巧，舉例說明如次：

一、AaBb 形式：兩截式的設計

不再嚮往天上飛鳥　A
池裏游魚快樂嬉戲　a
不再羨慕池裏游魚　B
天上飛鳥大膽逐夢　b

這首〈飛鳥與游魚〉（72）單純設計空中與水中兩種動物的相互羨慕與覺醒，是平等式的、簡易型的前後對比效果，是最容易掌握的基本款，AaBb形式，從第一首〈玫瑰與小草〉（1）開始，幾乎是曾美玲最喜歡用的隨手招式。

如果我們將這種招式視之為基本款，曾美玲會將這種基本款複雜化，我稱之為「複式基本款」，如加上時間對比的〈流浪與守候〉：「流浪數十年／小鳥思念老樹的沉默／守候一世紀／老樹收藏小鳥的歌聲」（73）。數十年的鳥的年歲與一世紀的樹的壽命，是時間的對比，卻也未嘗不是「流浪」與「守候」的情意的比較與頌歌，暗地裡曾美玲是在稱美守候一世紀的那種堅定的情愛。所以，這首詩原來可以依循惰性原則，定名為「小鳥與老樹」，曾美玲卻題名為〈流浪與守候〉，這樣的選擇，值得讀者關注。

二、ABCc 形式：縮結式的設計

第一首〈玫瑰與小草〉是前後兩截式的設計，第二首〈生與死〉即改換為這種縮結式的第三者出現的設計，其詩句的安排是 ABCc 形式：「生命匆匆趕路／死亡如影跟隨／夕陽冷眼旁觀／化作一聲嘆息」（2）。生與死（A與B）的相對觀，出現在首二句，一個匆匆趕路，一個如影隨行，第三者（C）的夕陽卻在旁冷眼觀察，無法改變天道運行，只能化作一聲嘆息，也遁入地平線下。這就是在生與死的相對之外出現第三者，縮結了詩思，十分高明。

這種縮結式的第三者出現的設計，讓詩有著「正、反、合」的辯證思考空間，因而在兩極思考時有著跳開的可能，所以曾美玲曾多次應用，如〈笑與淚〉的設計：「擁抱嬰孩的微笑／想念情人的眼淚／在每一個相同的夜晚／抒寫多變的人生」（23），想想所有的人都從嬰孩的哭聲、親人的歡呼聲，開始自己的一生，也在親人的哭聲、自己的無聲中結束，笑與淚的兩極間，每個人都有著「多變的人生」。讀詩仔細的人，其實還會發現，相對於「多變的人生」，曾美玲安排的是「相同的夜晚」，即使在這種細節處，詩人仍然秉持著她的「相對論」。不信，可以繼續欣賞〈朝陽與夕陽〉的設計：「驚嘆朝陽的誕生／感傷夕陽的消逝／在天空多變的舞台上／看見人生無常的縮影」（30），天空與人生，在「無常觀」中既同而又不同，太多的相對論可以讓讀者反覆思考，因而形塑自己的「相對論」。

如同「複式基本款」一般，綰結式的第三者當然也會有複式的設計，如〈善與惡〉：「善是天使的來訪／惡是魔鬼的偷窺／讓我們緊閉慾望的窗戶／讓我們打開寬恕的大門」（19），善與惡是A與B形成的相對觀，但綰結的第三者卻又分為：緊閉慾望的窗戶與打開寬恕的大門，慾望的窗戶對應著惡，寬恕的大門對應著善，同時，「讓我們」二句卻是二而為一的綰結式處理，可以理解為：「緊閉慾望的窗戶」，既可以迎接天使的來訪、也可以防止魔鬼的偷窺；「打開寬恕的大門」，原諒了魔鬼、也接納了天使。若是，複式綰結款也會有多種層次的變化，讀者的欣賞也就有不同的彩窗可以開啟。

三、dDAB 形式：開啟式的設計

相對於ABCc的縮結式設計，曾美玲的《相對論》當然也會有相對的開啟式設計，先以他事作為開端，盪起相對性的思慮波紋，再往兩極處繼續拓寬，如〈黑暗與光明〉：「歷盡信心的考驗／一顆永不放棄的種籽／衝破黑暗密網／抬頭擁抱光明」（20），此詩的主角是一顆種子，歷盡考驗，永不放棄，終能衝破黑暗，擁抱光明。種子就是啟創的源頭，由此掙，由此扎，述說植物開天闢地的盤古時代，這就是開啟式的相對設計。雖然以這首詩而言，「衝破黑暗密網」、「抬頭擁抱光明」，不完全是相對性裡的相反的途徑選擇，倒是有著一種因果式的前後關係，終究還是有著黑暗與光明的相對性結果，如果沒有種子作為敘說的源頭，也就開展不出「成樹」的歷程。

種子如此，人生豈有相異處？曾美玲以〈撒旦與上帝〉這首詩描寫人也必須面對黑暗，才能尋找光明，而撒旦與上帝、詛咒與祝福同時存在你的左右，你會被誰左右呢？——「在詭譎的黑夜叢林裏／四處尋找真理的星光／我聽見撒旦的詛咒／也聽見上帝的祝福」（33）。曾美玲是樂觀的，如果我們聽到的是撒旦引誘的歌聲、上帝訓誨的言語呢？

四、AaCcBbDd形式：兩兩相對的多層次設計

詩人心思細膩，絕對不會滿足於單純的兩截式設計、或者「複式基本款」，在曾美玲的《相對論一百首》中，我們發現多首多層次的兩兩相對的設計，如〈繁華與寂寞〉：「走進繁華世界／迷失了方向／躲入寂寞夢境／找回了真我」（28），是外在環境繁華與寂寞相對，也是真實世界與虛幻夢境相對，終其結果又是迷失方向與找回真我的終極相對，翻過一個層次又一個層次的相對，好像坐在鏡中鏡前點起一盞燈，我在無盡的燈中，燈在無盡裡。

這樣的推衍，是哲學層次的推衍，卻也是現實世界的真實。
這樣的推衍，不僅是語言的相對，更是詩的張力的無盡拉扯……

〈幻想與現實〉

現實是一根繩子
把肉體緊緊綑綁
幻想是一對翅膀
將靈魂悄悄釋放　（27）

幻想／現實，肉體／靈魂，一根繩子／一對翅膀，緊緊綑綁／悄悄釋放，欣賞這樣的相對論，不能不回到天體的宇宙相對、天地相對、陰陽相對，回到人體的左右相對、上下相對、任督相對，回到易經兩極、四象、八卦，以至於萬象、眾生的相對。即使收回到人間建築，窗內與窗外，仍然可以微觀心內的溫暖、宏觀天外的星空，繁複的世界。

〈窗內與窗外〉

仰望窗外茫茫夜空

詩人耐心垂釣星星眼波的寂寞
俯視窗內幢幢人影
星星意外挖掘詩人心窩底溫暖　（37）

五、V形式：定點雙向的設計

相對於繁複的世界，「歸零」吧！回到一個點的思考。由一個單純的點（V字最底那一點），呈V型，像伸開的雙手，勝利開展，或開展勝利。

曾美玲在《相對論一百首》中，藏著十八首的V型設計，這十八首是45-52首、57-66首，她們不再是雙拼式的題目：〈俯身與昂首〉、〈花開與花落〉、〈荒漠與綠洲〉，而是〈愛神〉、〈死神〉、〈火〉或者〈靈感〉，像所有採摘下來的茶葉，總是一心二葉，一心是開展的那一點，二葉是勝利的手勢，可以無限延伸。

以〈舞臺劇〉作為證例吧！——人生的證例。

臺上的演員
瘋狂演出別人的故事
臺下的觀眾
清醒觀看自己的人生 （66）

你，看詩的你未嘗不是另一個寫詩的你，寫另一首詩，或者寫另一種詩。你，臺下的觀眾？不，在另一個樓層，別人正看著你瘋狂演出他的故事。

「歸零」，回到那個單純的點，V字最底那一點，何嘗不是地平線上的任一點？從任一點，呈V型，曾美玲已經伸開她的雙手，勝利開展，我們為什麼不也張開雙手，開展勝利？不論是詩，或人生，或者詩與人生。

2015年穀雨　寫於明道大學蠡澤湖畔

曾美玲：《相對論一百》（Relativism 100）

書林出版有限公司，2015年7月16日
ISBN：9789574456543

舞好好——我讀廖之韻的《好好舞》

舞

唐朝最重要的詩人杜甫（712-770），曾經在他六歲那年（玄宗開元三年，717）在郾城見過公孫大娘跳《劍器》和《渾脫》舞，即俗稱劍舞，留下深刻印象。

五十年後，唐代宗大曆二年（767），五十六歲的他又在川東夔州（今重慶奉節）目睹公孫大娘的弟子李十二娘舞劍器，這兩場劍舞相距五十年，相差兩代，舞技不遜，但繁華蕭條已異，讓杜甫升起這樣的感觸：「當年玄宗皇帝的侍女八千人，公孫大娘的劍器舞姿數第一，五十年光陰容易過就像翻了一下手掌，連年戰亂風塵滾滾昏了王室。玄宗梨園子弟消散如雲煙，只餘李十二娘的舞姿掩映寒日。金粟山前玄宗墓木已經雙手可以合拱，瞿塘峽白帝城一帶秋草蕭瑟。繁華的玳筵、匆急的管弦又已終了，樂極哀來明月靜靜東出。我這老夫不知何所往，長滿繭的腳在荒山裡越轉越愁，越愁越疾。」杜甫升起這些感慨，實在是因為政局昏暗快，世事變遷太大。

這是他寫的〈觀公孫大娘弟子舞劍器行（並序）〉詩的後半段，我以接近白話、不變韻腳的方式重寫一遍，可以感受到「一、室、日、瑟、出、疾」入聲字的慌急無所措。

不過，一般人欣賞〈觀公孫大娘弟子舞劍器行〉，大多欣賞詩的前半段，寫劍與舞的演藝之美，寫劍光霍霍有如想像中后羿射落九日，寫舞姿矯健彷彿天帝駕著神龍飛翔，寫劍勢淩厲就像現實裡雷霆威猛讓人震懾，寫劍收舞停又似長江大海上泛著瀲灩清光，這樣的意象奔馳令人神迷，這一段押的韻全是「方、昂、翔、光、芳、揚、傷」的江陽韻，適合穿戎裝、舞長劍這種迅疾光燦之美。

昔有佳人公孫氏，一舞劍器動四方。
觀者如山色沮喪，天地為之久低昂。
霍如羿射九日落，矯如群帝驂龍翔。
來如雷霆收震怒，罷如江海凝清光。
絳唇珠袖兩寂寞，晚有弟子傳芬芳。

臨潁美人在白帝，妙舞此曲神揚揚。
與余問答既有以，感時撫事增惋傷。

其實，除了欣賞公孫大娘弟子舞劍器時的英姿，很多人也欣賞〈觀公孫大娘弟子舞劍器行（並序）〉裡的詩前序文，序文中最常被提及的是這一小段：「昔者吳人張旭，善草書帖，數常於鄴縣見公孫大娘舞西河劍器，自此草書長進，豪蕩感激，即公孫可知矣。」張旭，字伯高，約 658-747 間人，唐朝中期的知名書法家，出生於吳郡吳縣（今江蘇省蘇州市），杜甫將他列為「飲中八仙」之一，被人尊之為「草聖」、「張顛」，與懷素（725-785）有「顛張醉素」的稱號，所寫草書被稱為「狂草」，傳世的作品包括〈肚痛帖〉，可見杜甫的說法頗有實據，那種「放」的書法精神，「顛、醉」的豪邁激揚，放蕩不羈，可能來自跨界觀賞公孫大娘弟子舞劍器的靈感激發，公孫大娘弟子舞劍器，杜甫寫出了〈劍器行〉，張旭揮灑出他的狂草，甚至於當代「雲門舞集」觀摩狂草書法，舞出〈狂草〉（2005 年 11 月 19 日台北國家戲劇院首演），都是跨界激盪的藝術成就。

除了公孫大娘弟子舞劍器影響了張旭的書法，跨界激盪的藝術成就還包括裴旻的舞劍也影響了吳道子（約680-759）的繪畫。公孫大娘是唐代擅長劍擊之術的「舞者」，常出入於宮廷、民間獻舞，一舞劍器動四方，天地為之久低昂。但真正擅長劍擊之術的「武者」，卻是裴旻將軍，裴旻是唐朝開元年間人士，相傳李白曾跟他學劍，顏真卿有〈贈裴將軍〉詩，前四聯說：「大君制六合，猛將清九垓。戰馬若龍虎，騰陵何壯哉。將軍臨八荒，烜赫耀英材。劍舞若遊電，隨風縈且回。」其中「劍舞若遊電，隨風縈且回」的句子，類近於杜甫對公孫大娘師徒的歌頌，尤其是「劍，隨風縈且回」，據說是有所本的，相傳裴旻在洛陽時邀請吳道子作畫，吳道子久無靈感，請裴旻舞劍作氣以助揮毫，最神的地方是裴旻將劍擲向空中，疾如遊電墜下，裴旻卻能以劍鞘接住「隨風縈且回」的長劍，因而激發了吳道子作畫的靈感。唐文宗（李昂，809-840）因此稱詩仙李白、草聖張旭、劍聖裴旻為「三絕」，有趣的是，草聖、劍聖都曾因為觀賞劍舞而有所悟得，詩聖杜甫、顏真卿也因為劍舞，跨界思考而寫下好詩。

這一切，都因為——舞。

舞．好

舞者與詩人都是以美好的心靈去看待事物或事務，將許多事物轉換為美好的資材或姿勢。

所以，我在想，六歲看過公孫大娘跳《劍器》和《渾脫》舞的杜甫，當時會不會遺憾自己還不能駕馭文字去表達心中的激動？五十六歲的杜甫再度看到的卻是公孫大娘第二代李十二娘舞劍器，會不會遺憾自己沒能像李白那樣習劍、仗劍，行江、走湖？會不會遺憾六歲那年沒隨著公孫大娘習舞，像張旭那樣從舞中獲得詩的靈感，甚至於從親自舞動身姿體會文字的韻律？從劍舞的力勁感悟現實主義的詩要掌握多少力勁最能服人？會不會遺憾五十六歲的老骨頭已經舞不動春風，更遑論羿射九日，帝驂龍翔？

杜甫，顯然是想著「舞」。

同一個時候，公孫大娘是不是帶著李十二娘想著「詩」。能「歌」，所以善「舞」。能「詩」，是不是更可以善「舞」？公孫大娘們（包括雲門舞集們），是不是心中有著相同的遺憾，如果能「詩」，是不是更可以善「舞」？

後代的杜甫們、張旭們，是不是一起想著：能「舞」，多好！

・舞好好・

現代詩人群中，唯廖之韻（1976-）早早見識到這點：為什麼我不可以同時是杜甫、又是公孫大娘，我以我的身體舞我的舞，我以我的詩寫我的舞！

2004年廖之韻出版首冊詩集《以美人之名》（寶瓶文化，2004），那時她是美人、是詩精靈，文字輕靈、活潑，不沾染一絲俗氣，不論眼眸之間的情愛流轉，或者細膩意象的捕捉，廖之韻輕盈得讓人不以為意。但是2011年廖之韻出版第二部詩集《持續初戀直到水星逆轉》（聯合文學，2011），這時的作者介紹是：「作家、詩人、肚皮舞孃，冷熱並存的雙子座B型人。」同年同時出版散文集《快樂，自信，做妖精：

我從肚皮舞改變的人生》（有鹿文化，2011），作者坦言自己是：「從靜態的寫作者到動態的舞孃，從坐在電腦前到跨入舞蹈教室，從眼睛疲勞到兩腿發痠——回想起從『文藝組』轉到『體育組』的心路歷程，不禁會心一笑。不同的體驗，宛如用五彩線來織錦，上下交錯卻不衝突，也許可以把慾望、身體與身分的關係，以及視線統統編織進去。」從中東、埃及來的「肚皮舞孃」印象從此必需加疊在詩精靈的美人身上。

「給自己一個可能。去跳一支舞，去做一件事，去摸摸發熱的身體，去愛——不管你是熟女姊姊或年輕妹妹。一念，一動，生命如此不同。」這是廖之韻的新宣示。

四年後的夏天，廖之韻推出了杜甫與公孫大娘合身的《好好舞》，是觀者、舞者、詩者三合一的作品，是她從肚皮舞改變人生的詩路歷程、詩境傳導。我以表列的方式，將廖之韻《好好舞》與杜甫〈觀公孫大娘弟子舞劍器行〉作了一個對照，一目了然其中的異同。

詩題	〈觀公孫大娘弟子舞劍器行〉	《好好舞》
作者	唐・杜甫（712-770）	當代・廖之韻（1976- ）
身分	詩人（觀舞）	詩人兼舞者
性別	男性詩人觀女性舞者舞劍器	女性詩人肚皮舞孃自我反思
文類	古體詩	現代詩
篇幅	單首（26句，並序）	組詩（分十節，共50首）
內容	前七聯觀舞，後六聯感懷	五節上臺前，五節下臺後
舞式	劍舞	肚皮舞
觀舞	霍燁矯健	婀娜多姿
心境	傷懷多於美感享受	耽美多於心境分享
影響	詩、舞、劍、書法	詩、舞、美

《好好舞》是ㄏㄠˇㄏㄠ舞

《好好舞》是一本有機書，有著完美的設計，全書共分十節，每節固定五首詩，但每首詩的寫作技巧各有不同的表現。十節依序是：群聚／練習／後臺／彩排／幕起／前臺／幕落／後臺／群散／練習。單單從最前兩節、最後兩節，可以看到：不論是群聚、群散，都是練習、練習、練習，不斷的練習，詩與舞，無非是累積十年功，展現上臺那幾分鐘，《好好舞》意味著「ㄏㄠˇㄏㄠ舞」。

〈臀的抖、甩、搖〉

生存的不同方法
無所謂對錯猥褻或優雅
依循本能而生
控制地
釋放

流蘇搖晃著女子的祕密
鼓動的
第一堂課
世界從此練習
共振
相愛的頻率

這本詩集甚至於可以當作舞技手冊，教你肚皮舞的臀如何抖、甩、搖，教你如何模仿駱駝、應用流蘇，但是如果僅止於舞技教學，那她就不是人文詩集，所以，在〈臀的抖、甩、搖〉教學練習中，所謂「依循本能而生／控制地／釋放」是術的傳授，何嘗不是生存的哲理認知？「練習／共振／相愛的頻率」何嘗不是生存的智慧？

《好好舞》是ㄏㄠˊㄏㄠˇ舞

《好好舞》既然可以是舞技教學，彷彿焦桐的《完全壯陽手冊》揭示廚藝功夫，所以《好好舞》可以發音為「ㄏㄠˊㄏㄠˇ舞」，就像在告訴同行的朋友，人生的一切不是「ㄏㄠˊㄏㄠˇ玩」嗎？肚皮舞難嗎？「ㄏㄠˊㄏㄠˇ舞」喔，很好舞呀！這是對新興事物好奇的人最好的心理建設。

這種心理建設還可以有不同的方式練習，試看〈胸部練習〉，第一段說的是各種不同的女性乳房，本然或人工，功能或情色，自戀或眷戀：「身體的／自然而然的／之後慢慢長大或加工的／某種生物學上分類的／嬰孩戀戀的／束緊了又渴望放鬆的／在意大小的／誘惑指標的／敏感的／眾人目光的／限制級袒露的／局部流行的」。第二段是乳房的意象設計，美好的舞姿聯想：「宛如細雨在午後／小小的花兒飛舞天空／女子甩動胸前流蘇／順時針或逆時針／世界圈在懷中／用某種狂放的姿態／跟著移動目光／交會處傳來風鈴草的歌／跟著節拍抖落瑣碎的日常／用某種美麗的勾引／交換一整個春天」。最後則是乳房與新生命的連結，乳房與愛的連結，被歌頌的：「溫暖的／獨一無二的／驕傲的／豢養生命的／女子俯身親吻大地／愛著的，被愛的」。

〈胸部練習〉是肚皮舞的胸部練習，也是寫詩者的乳房造句練習、意象創造、思理推展。詩與舞，在這首詩中相互連結，互為因果，舞的方法論交疊著詩的方法、美的技巧。

《好好舞》就是「ㄏㄠˊㄏㄠˇ舞」，有著「盍興乎來」的召喚力。

《好好舞》是女子ㄏㄠˋ舞

或者，《好好舞》只是「女子ㄏㄠˋ舞」而已，一個愛好跳舞的女子的抒情書寫、心靈療癒，無關乎國計民生，沒有杜甫國是蜩螗的慨歎；一個浪漫者的寫實主義作品，一個族群聚落的斷代性描述，在長久苦悶後「練習一種換氣的方式、練習一種放鬆的方式、練習一種用力的方式、練習一種律動的方式、練習一種身體的方式」，回到最初的、單純的、作為女子的方式（〈女子好舞〉）。

生命，不過是詩或舞的原始，詩或舞的單純。

2015年芒種　寫於明道大學鱻澤湖

廖之韻：《好好舞》
奇異果文創事業有限公司，2015年8月3日
ISBN13：9789869194303

默默 Momo

有人可以讓喜怒哀樂隨意穿梭在她的心上，像風在落羽松與落羽松之間鼓起大浪小浪。

有人可以讓長句短片隨時鋪展在她的螢幕，像彩虹在寬容的天空揮灑美麗的弧度。

有人可以讓她的一言一語一呼一吸隨興跳躍在我們的舌尖，像雨滴的旅程那麼容易就奔騰成諧和的音律合乎管弦。

有人，有人知道，我說的有人，是我們大家的友人，默默和她的詩文。

2015年7月1日 寫於北斗

默默 momo：《零點下的星空》
吳惠美，2015年7月18日
ISBN13：9789868971011

詩是靈魂悸動的印記

詩是靈魂悸動的印記，我們珍惜靈魂（我們擔憂失去靈魂的人），所以我們珍惜靈魂的悸動，這世上唯有詩人、藝術家能留下靈魂悸動那些印記，唯有詩人又兼藝術家的心靈，刻記那令人震顫的符號。

跨界詩人許世賢將他的詩集命名為「心靈符號詩集三部曲」。其中純詩的《這方國土—台灣史詩》、《生命之歌—朗讀天空》，是心向天地開放、靈向純真偎靠的美好旋律。《來自織女星座的訊息—詩與書法交織的視界》，是詩與書法的跨界演出，是詩與書法交織的錦繡效果，是現代詩人許世賢向書法界發出的戰帖，是書法家林隆達向現代詩領域伸出黑金之手的柔與勁，甚至於將詩投向大影幕、大舞台，詩歌、藝術、音樂、影像、書法、設計，多音交響，多彩繽紛，呼應著臺灣式的史詩，史詩的臺灣，創造了許世賢的天空，天空的瑰麗與磅礡。

許世賢以「心靈符號詩集三部曲」帶領我們重新定義「視覺詩」，震撼靈魂。

2015年6月8日 寫於明道大學

許世賢：《來自織女星座的訊息：詩與書法交織的視界》
新世紀美學出版社，2016年5月13日
ISBN13：9789868846302

愛情詩的渲染力道與力之道

五倫是從夫婦肇其端的，夫婦是從沒有任何關係的兩個人開始有了關係開始的，沒有任何關係的兩個人開始有了關係是從眼神接觸、肌膚接觸、唇舌接觸，起了漣漪、波動，鼓盪著身心靈裡的浪濤，而洶湧澎湃，而不可收拾的。不可收拾卻要收拾，那就以理、以禮去約束其中可以約束的那一部分，這一部分造就了婚姻，也可能收束了愛情成為婚姻的內海。此外不能收束的波濤、漣漪就像颱風一樣，以逆時鐘方向旋繞，你以為她消失在陸塊、沙漠之中，不知她又從另一個方向、在某個未知的海洋掀起風雲。

愛情詩是從《詩經》「窈窕淑女，君子好逑」開始的。眼睛看的是「參差荇菜，左右流之」，耳朵聽的是「關關雎鳩，在河之洲」，被觸動的心、被觸動的身卻「悠哉悠哉！輾轉反側」，腦海中升起的是理性的「琴瑟友之」、合乎禮的「鐘鼓樂之」！《詩經》第一首，就是這樣的愛情詩。可見，愛情詩應該有淑女、有君子，應該配上荇菜之類的植物、雎鳩之類的動物，等到琴瑟鐘鼓之類的器物出現時，那就進入婚姻了！

二十一世紀的愛情詩也這樣渲染我們嗎？

人體的結構如果沒什麼改變，人的心，如果也沒什麼改變，愛情詩似乎也會以這樣的模式、魔式，改變著我們。回到都城，回到現代，在荇菜、雎鳩、河洲、琴瑟、鐘鼓之外，詩人仍然應用著類近的詞語、習用的意象、累積的典故在壯大自己，試看從中國到香港的詩人岑文勁的〈無題〉詩，我將他〔自剖〕的言語隨附在詩句之後，可以看出現代詩裡愛情詩的基本型模：

玫瑰戴著尖刺的面紗走近　（玫瑰，寓意憧憬中的愛情）
海棠在春睡中敷上掩蓋的面膜　（指美人睡眠時安靜而醒後臉孔醜陋）
天鵝遷徙延續命運的反覆
遊蕩乾涸的池塘　（天鵝的靈活變通得以適應殘酷的現實）

鴛鴦雙雙哀鳴殉情　（沉湎於愛情而不懂得生活，鴛鴦轉瞬消失愛侶）
粗暴的海豹蹂躪弱小　（海豹的粗暴，使人對愛情感到迷亂）
城市找不到企鵝的堅貞　（企鵝，隱喻愛情的專一）
凝視一具裸體的雕像　（沒有愛情的婚姻如一具雕像的裸體）
內心湧不出纏綿的靈與慾　（沒有愛情的婚姻沒有如魚得水的靈慾一致）
挖空心思找尋背後的秘密
相識才知道是一場美麗的邂逅

只是一場交易
重新上路
結果都是一個人的
孤獨　（愛情建立在「一場交易」上的孤獨而結局茫然）

岑文勁的自剖讓讀者容易掌握到讀詩的要件，甚至於學會寫詩的秘訣，如前面四段所顯現的「兩相對比」（第二段雖是三行，仍然是二事對映），從植物的玫瑰、海棠，動物的天鵝、鴛鴦、海豹、企鵝，到人工的雕像，都是愛情書寫時東西方文學中喜歡引用的典故，是詩作者刻意創造的意象，承繼了《詩經》愛情書寫的傳統。

踏實的當代愛情詩，很可能跳脫原始的骨架，另尋視野。紀小樣（紀明宗，1968-）特寫〈你的側臉〉作為抒情的媒介，他自言比《看見台灣》紀錄片導演齊柏林（1964-）更早用鳥目俯瞰，將海岸線與女子側臉蒙太奇融合成詩。愛戀之最初，所有情人想的都是：他是我的西施，他是我的維納斯，他是我的范倫鐵諾，如何為他的美留下最美的形象。這樣的愛情「詠物詩」是情人西施最喜歡的禮物，也是最篤實的愛的禮讚，從真實的身邊人的肉體禮讚開始：「妳的側臉；／記憶中最美的海岸線。／沿著柔順的額頭蜿蜒而下／妳的眉毛是置放在沙灘上的槳；／眼睛則是漉濕的　擱淺的船。／／險峻的鼻骨延伸向海／繞過多風的岬角／爬上微陡的斜坡／來到紅色的河的三角洲；／我們曾在那裡　親吻／並且許下了——要用／一生一世來實現的誓言。」

身體書寫是當代新詩書寫最熱門的趨勢，唯美傾向的〈你的側臉〉是禮讚式的代表，以海岸線的稜角特寫頭部，以愛的柔情軟化曲線，身體書寫只止於臉書，「紅色的河的三角洲」是指嘴唇，最激情的動作也不過是輔導級的親吻。林央敏（1955-）寫於2006年的〈合唱漁歌子〉則是情色肉體的歡樂型代表，化用張志和的〈漁歌子〉：「西塞山前白鷺飛，桃花流水鱖魚肥。青箬笠，綠簑衣，斜風細雨不須歸。」原詩隱者的悠閒情境、山水的優美色彩，在林央敏筆下都成為性愛的徵象，連逗留不去的「不須歸」都可以化成男精女血、妳是桃花流水我是鱖魚肥的性具「互相回歸」：「雙子山下棲息一隻黑面琵鷺／妳是桃花流水／我是鱖魚肥／不戴斗笠也沒穿簑衣／咱們合唱一曲長長的漁歌子／頓悟千年前的古典詩／暗藏美麗奧妙的預言／咱們會在風雨中互相回歸」。大陸曾經流行「下半身書寫」，〈合唱漁歌子〉的下半首就是下半身書寫，極為露骨挑逗，歸屬限制級：「鱖魚溯水游進桃花鄉的路真遠／有三十年那麼長／粉紅的洞口開在10點30分／入門就有一支波浪滾滾的交響曲／起起落落的旋律／載著魚身向前泅泳的力量／引起溪床協奏和諧的律動／最後游出洞口，才看到／完美的休止符掛在午後一點半／」。至此，回頭再看題目，單純的「合唱」早已成為「情性交溶」的交歡暗喻。

愛情詩的情，現代人早已用「身體」、用「性」來代替了。

不僅男詩人如此，女詩人亦然。黑芽（小名菁菁）收在《風過松濤與麥浪》的愛情詩，〈我是怎麼愛你的〉寫初識詩人KK的經過，從左右臉、左右手、左右腿到太陽、月亮的隱喻，是人體到天體的繫連；〈洞房花〉中「古老的事」所暗示的不也是「性事」？只是藝術家有著自己私密的創意，所以會「用一種很私人的配方」。更有創意的詩的暗示是「我將黑脫去」這一句，一般人想到的「黑」是脫去了衣物，但如果以作者「黑芽」的名字去代替「我」，「黑芽將黑脫去」——只剩下一個「芽」的意象，那是充滿白皙、稚嫩及誘惑的女體意象：

我
將
黑
脱去
在寒冬

用一種很私人的配方
做古老的事

老於寫詩的詩人，如管管（管運龍，1928-）、白靈（莊祖煌，1951-），各有奇想，不甘在老式陳套中琢磨愛情。

不同於黑芽寫 KK，管管的〈給 YC〉這樣思考：

美麗的人兒是不可以咳嗽的
一咳嗽就會有花瓣從身上落下來
落在臉上可以當胭脂
落在手上可以當戒指
「怎麼！你要把花瓣咳嗽在衣襟上當牡丹花呀？」
「好看雖是好看，總是叫人心疼的是不？」
「萬一咳嗽的花瓣落在了地上？
豈不讓鞋子羞辱一場？

豈不是白白落入泥土的肚腸？」

「最最要緊的，是你一咳嗽呀！就會咳倒他一面城牆」

管管將女人喻為花，雖是老手法，但寫咳嗽會有花瓣落下的奇想，寫落下的花瓣可以當胭脂、戒指、牡丹花，用以對比落在地上被踩踏的命運，寫咳嗽會咳倒一面城牆的誇飾，都是作為一首詩最重要的「詩想」。管管做到了，這首詩就有了詩的力勁。

2015年12月　明道大學人文學院

秀實、葉莎主編：《風過松濤與麥浪：台港愛情詩精粹》
釀出版，2016年3月30日
ISBN13：9789864450862

詩心與蔗田烘熱的性靈甜氛

薛林先生（龔建軍，1923-2013），臺灣詩壇前行代詩人，長年住居臺南新營，雖然我與他緣慳一面，是少數前行代詩人中不曾當面請教過的詩人，卻有頗深的幾度因緣。

早年，我們都算是覃子豪（1912-1963）的學生，不過，薛林享有親炙的機會，我只有函授、私淑的機緣，但我們都秉承覃子豪新詩教學與推廣的精神，薛林潛心鑽研覃子豪的《論現代詩》寫成《現代詩創作與欣賞》（秋水詩刊社，1991），我則努力於新方法的開創，出版幾部新詩方法論的書籍。薛林走向兒童詩的扎根工作，創辦《布穀鳥》兒童詩學雜誌社（1980）、加入《月光光》兒童詩刊（1981）、籌辦「中華民國兒童文學學會」（1984）、加盟《滿天星》兒童詩刊（1987）、設立《小白屋》詩苑（1988）、參加《秋水詩刊》（1989）、發行《小白屋幼兒詩苑季刊》（1993）、成立《小白屋幼兒詩獎》（1994），他的一生撰寫了臺灣兒童詩史幾近半部，這種弘揚詩教的奮鬥成就，應是覃子豪精神所感召，卻已非後生晚輩的我們所能企及。

讀大學時，我即已聽聞薛林大名，拜讀詩作，那時剛入輔大，參加學校社團「文哲學會」、「水晶詩社」，常在社團活動中與薛林令嬡龔華小姐有所接觸。後來，在「創世紀」詩社相關聚會時交談更多，時時聽龔華提及他對父親的敬愛、對父親健康的擔憂，偶爾談及薛林與詩友前輩的交往，頗多軼聞瑣事，雖非耳熟能詳，卻也仰慕深切，彷彿就在眼前親和晤談，我也隨著學妹龔華沐於春風之中。

最近的這十多年，我曾經走踏彰化溪州、溪湖、臺南新營，尋訪從1947年薛林即已熟悉的臺糖土地，嗅聞甘蔗甜氛。66年在臺灣的日子，薛林有66年在臺糖公司從事文化活動，幾近66年的新營在地生活。我所任教的明道大學也一樣坐落在彰化平原的甘蔗園裡，可以想望薛林所呼吸的空氣裡的香甜，血液流淌的香甜，詩文字中不自覺散發的香甜，屬於純真心靈的香甜，我所熟悉的土地的香甜。

這就是雖未謀面卻因為土地香甜所繫連的我與薛林前輩的幾度因緣。

展讀龔華為其尊翁薛林所編輯的詩全集《自己做陀螺》，選題非常恰當，呼應了薛林新詩創作的兩個面向：童詩與新詩。就童詩言，自己做陀螺的「做」是動手削木頭，呼應上個世紀前期的童玩，都是孩子或父母的手工藝品；就新詩言，自己做陀螺的「做」卻是擬人化的「我當陀螺」，暗示人生如轉蓬，各有不同的寓意。知女莫若父，知父莫若女，順讀倒讀，都能取意，詩，不就是這樣嗎？

一般而言，童詩要有童心、童語、童趣，薛林的童詩比起其他兒童詩家又多了「童事」與「童理」。譬如〈大門被蟲兒搬走了〉這首詩，可以看出現實生活中缺漏門牙的平凡事，充滿童言童趣的問答，不僅有著小說敘事的問答方式，也有醞釀高潮的設計、逆轉情勢的安排，有趣，有理，值得人生省思。

你的大門呢？
守住大門的兩片嘴唇
緊閉著
如含苞的玫瑰花瓣
想笑　不敢笑

想回答　又不敢回答

不把大門關好
小偷來了
怎麼辦？

嘴角掀掀
眉兒揚揚
還是不說話

誰叫你愛吃糖
大門　被蟲兒搬走了

才不是呢！
我跌了一跤

第二段的書寫，生鮮而傳神的畫面，讓大人也忍不住、禁不住要笑出來。最後兩段，類似大人之間的辯證或辯解，卻能另轉趣味、另轉思路，顯示有趣之事也必然有令人值得沉思的地方。

薛林童詩之末，往往安排「循象覓源」的散文說解，可以為兒童閱讀時多一層思索的功夫訓練，也能協助父母扮演好引導者的角色，更可以為初寫者度金針，如〈大門被蟲兒搬走了〉這首詩，他覓的源是：「兒童不懂得什麼是辯證，甚麼是隱喻，可是知道把真實的事說出來。『真實』就是『真理』，是一種不變的道理存在！赤子童心裡，有真實和天性美。『大門被蟲兒搬走了』的童語童話裡，鄰居小孩把大門牙比喻成『大門』，這也算是天賦的智慧使然。不知不覺中，也好像人生的寓言。」以這首詩來看，缺了門牙，大人想的是具有教化作用的「吃糖蛀牙」，事實的真相卻是「跌斷門牙」，真實就是真相，真相就是真理，小孩永遠是大人的老師。

回過頭看薛林的新詩作品，即使被薛林稱為「實驗之作」的夢幻作品，其實仍有這種童心存在。以〈魚腹之貓〉為例，根據詩後類似「循象覓源」說解作用的「後記」，詩的緣起（覓源）是作者做了一個夢，在一片白茫茫的景色中，有一尾金色的魚環抱著一隻小貓咪。他認為夢是潛意識的化身，所以藉著「魚腹之貓」的意象，他思索「愛的真理」：愛是不分物種、族類；愛，可縮短距離，消除隔閡，化解仇恨。常懷愛心，是有福的。薛林這樣的因緣起念，來自魚以胸腹環抱著貓的夢境，誰會做這樣的夢？如果不是有著博愛心懷的人，何能至此境？

無烟、無塵
有母親找尋孩兒的
呼喚
金色魚以腹為懷
以鰭為臂
溫柔地　吐著泡泡
餵貓咪當乳酪

無烟、無塵

有孩兒找尋母親的
喊叫
貓咪睜著
琥珀色的大眼睛
巴望著金色魚
再吐泡泡

就薛林而言，對覃子豪老師說過的話他一直念茲在茲，如此單純的夢境，對他來說，那就是夢幻、象徵、朦朧的非現實情境，所以〈後記〉中一定要引述覃老師的話：「現代藝術，夢幻的氣份更濃，無論是繪畫、雕刻、音樂均是如此，詩尤其富於夢幻的意味，象徵派的詩人則特別重視朦朧的效果。」

這種重視朦朧效果的夢幻之作，薛林詩全集中為數不多，多的是母親的身影、家鄉的思情、童年的眷戀、新營的繫念，真真切切的人生，實實在在的土地之愛，六十六年詩心與蔗田烘熱的性靈甜氛。

2015年立冬之後 寫於甘蔗園建立起來的明道大學

薛林：《自己做陀螺：薛林詩集》
台南市政府文化局，2016年4月1日
ISBN13：9789860482645

風景線上愁鄉又惜昔的張堃

詩文學創作不外乎書寫土地與書寫人性兩大類，沒有土地哪有文學與沒有人性哪有文學，同行而不悖。

詩人張堃的大名「堃」字，來自兩方土，或許早已注定他的詩創作偏倚在土地的書寫與懷憶。《風景線上》張望著的張堃，愁鄉又愁昔，人在美國新大陸的他，空間上愁鄉——既愁中國原鄉，又愁台灣家鄉，兩方土，雙份愁；時間上惜昔，既惜舊物，又惜故人，兩方土，雙倍惜。惜是珍惜，愁是懷憂，《風景線上》盡是深情凝視。

「堃」字同於本名的「坤」字，「坤」字含著空間的「土」、時間的「申」，那是愁鄉又惜昔相互呼應的徵兆嗎？

2016年1月25日 台北

張堃：《風景線上：張堃詩集》
允景文化，2016年5月1日
ISBN13：9789865794576

二十一世紀後殖民語境下的菲華詩心

菲律賓的詩人王勇要將他在 2015 年 4 月至 11 月所寫的將近 150 首詩，集合為《刀劍笑》，列入〔閃小詩〕系列 4，讓我先過目。

或許是因為我所出版的詩集大部分是小詩，他覺得是另一種志同道合，交給我說兩句話，說不定可以為小詩掙出一片天空。至少，在服膺小詩創作上，王勇真的是奮鬥不懈的，不到九個月創作出 150 首詩、出版《刀劍笑》，持續發行四冊〔閃小詩〕系列於中菲臺馬，就是最有力的證明。不過，我是小詩的實踐者，卻不是小詩的鼓動者，我寫了很多小詩是事實，卻不曾鼓勵大家寫小詩，真正的鼓動者，在臺灣是白靈，在東南亞是林煥彰，白靈自己寫五行詩，頗有心得，因而鼓吹大家也寫小詩，但他不限定大家跟他一樣以五行為唯一的依歸，倒是放寬了兩倍的門檻：「十行以下、百字以內」。林煥彰自己平日寫兒童詩，語言放得很鬆、很白、很長，但轉而為成人思考時，他卻約束自己要走向精煉，因而以「六行」為極限。我看王勇整《刀劍笑》的詩作，百分之九十以上是六行詩，此外的作品也在六行以下，顯然贊同林煥彰的數字制約。

小詩寫作，許多詩人都曾階段性選擇固定詩行作為表達形式，在台灣最少的是兩行的瓦歷斯・諾幹，四行的劉正偉與曾美玲，其後就是六行的林煥彰，八行的向明與岩上，十行的向陽與洛夫，十二行的孟樊，十四行的張錯與王添源，其間，羅青與李瑞騰曾分別提議唐宋「律詩」句數兩倍的十六行，但這種行數已不能算是「閃」「小」詩，未見他們兩人或其他詩人落實在作品上。至於選擇奇數的，只有五行的白靈、七行的游喚、三行的蕭蕭或仿日本俳句的三行「漢俳」，人數反而偏少。不過，所有的詩人都未堅持以某種行數一路走下去，只堅持在某一個時期鍛鍊自己，如何在有限的、固定的行數中發展自己的無限可能，達致詩的極致。

王勇《刀劍笑》就是這樣，整　詩集並未堅持六行，即使是六行，也繼續實驗全6行、2+4、3+3、4+2等行列裝置的可能。根據觀察，全6行是一氣呵成的作品，語氣欲盡時詩已成，頗有一種急速進攻的滿足感；3+3的形式則是對等式的張力在拉扯，讀者的視力在兩段之間來回逡巡、較量；2+4或4+2的形式，則有先敘後論、先定音後鋪陳的因果權衡。行事一向穩重的王勇，只在這四種形式中練兵，沒有實驗 1+5 或 5+1 的險招，如果是先亮底牌時如何敘說而不沉悶，如果是聲東擊西時如何在擊西那當兒一招斃命，這其中或許還有更多戲遊的空間，值得六行詩的實驗者繼續衝撞。

試比較〈眼睛〉與〈夜晚〉兩首詩：

〈眼睛〉

臨空俯瞰
麥堅利堡的
十字架，都躺成
一支支白粉筆
在黑暗中閃著燐火
夜不瞑目

〈夜晚〉

在許多城市
萬家燈火
紛紛躺成
交錯的十字架
等待
神的降臨

這兩首詩同在2015年7月5日這一天完成，詩中的時間感都是「夜晚」，詩分六行，〈眼睛〉以4+2方式顯現，〈夜晚〉則為全6行，形式上或有小小差異，但生命關懷與人道思維卻是相同的，城市裡平視下縱橫交錯的燈火可以連成許多十字型，想像中麥堅利堡的十字架在夜晚光線不足的情況下，在時空遙遠的狀態裡，卻也只剩下短短的閃著燐火的、夜不瞑目的眼睛，〈眼睛〉採取的是俯瞰的視野想像，〈夜晚〉

則是平視的生活場景，死與生的對照，以夜晚與十字架加以繫連，成為具有張力的兩首詩，讓我們同感震撼，這就是小詩的優點。

當然，小詩的缺憾也在這裡，那種涓涓細流式的敘事或抒情韻味，那種餘韻不絕的綿纏糾葛，需要醞釀的情境就不能在小詩中顯現了！

進一步我們試著將兩首詩結合為一，不更動任何文字，只統一為4+2+4+2的形式，請重讀一遍，或許另有一種心靈的撼動。

〈夜晚的眼睛〉

臨空俯瞰
麥堅利堡的
十字架，都躺成
一支支白粉筆

在黑暗中閃著燐火
夜不瞑目

在許多城市
萬家燈火
紛紛躺成
交錯的十字架

等待
神的降臨

詩以何種形式出現，章、節、字、句的長短，跨行、符號的標舉，都會形成不同的效果，王勇選擇了「閃」「小」詩，選擇了《刀劍笑》，他掌握住的就是刀舉的一閃，劍起的一亮，生活隙縫裡的一笑——不管是冷笑、恥笑、苦笑，總可以意到「笑」即相隨，不像「哭」需要一段長時間的醞釀。

不過，一部詩集最重要的成就不只是形式的試探，更在內涵的表現。《刀劍笑》的集名，告訴我們這是一部菲華生活的觀察史，詩雖短小卻深刻反省自己國族的處境，較諸前輩詩人或許有著不同切入的角度。例如，前輩詩人所喜歡觸及的「落葉歸根」，王勇卻有著新穎的思考：「陽光下低眉／飛撲大地／原來，你戀上／自己的影子」，王勇從前人的根轉而為自己的影子，自己如何獨立，如何飛上枝頭成為新葉、成為春天眼角的眉毛挑逗風的擁抱（〈新葉〉）？充滿了二十一世紀新人類的自信。例如，前輩詩人所眷戀的「龍」，所喜歡的名言「宰相肚裡能撐船」，王勇以〈魚骨〉逼近現實思考：「比恐龍的骨架／袖珍，柔軟的／無處著力／／一旦遊入肚裡／卻比宰相的船頭／還要尖銳」。顯然在生活的觀察裡，王勇所看到的龍是恐龍，而且只是袖珍的「恐龍的骨架」——魚骨，魚骨的現實是尖銳刺人，詩人轉折應用的是能撐船的宰相肚量、袖珍卻尖銳的魚骨現實，顯示了對比的張力。

所以，我將《刀劍笑》放在「二十一世紀『後殖民語境下』的菲華詩心」這個位置來思考。

菲律賓，中國史籍從三國時代就有了相關的記載，1450 年代阿拉伯商人來到這裡建立了伊斯蘭政權，兩三百年後荷蘭人也來了，1521年探險家麥哲倫曾經到達這裡，1565年以後西班牙人入侵，「菲律賓」之名由此確定，影響菲律賓文化最為深入徹底。1898年6月菲律賓曾短暫宣告獨立，年底即被美國統治，直到1946年才獲得完全獨立，二次世界大戰期間日本佔領菲律賓島，華裔族群先後在這段時間大量移民，王勇這一輩的詩人應是這一批移民的第二代、第三代，他們的寫作廣義上都可以納入「後殖民論述」（postcolonial discourse），學者認為「後殖民論述」可以定義為在當代文化（包括廣義的文學）、歷史和政治領域中作為一種「文化抵抗」形式的寫作與批評，這種後殖民論述、寫作，既是一種批評實踐，也是一種策略書寫。菲華詩人長期不在自己族群所歸屬的土地上，治理管轄的階層也不屬於自己所悅納的族群，若是，國家、族群、社會、語言、文化、生活都錯縱複雜的土地上，自然形成錯縱複雜的後殖民語境。

前引〈魚骨〉這首詩：「比恐龍的骨架／袖珍，柔軟的／無處著力／／一旦遊入肚裡／卻比宰相的船頭／還要尖銳」（2015.7.4.），如果跟〈魚的復仇〉對比著看：「恨不得　整個／讓你吃進肚裡／吃得屍骨無存／／只到有一天／你　一張口／心就痛／／那是，我在妳身體裡／復活」（2007.4.3.），這種後殖民語境的痛，其實已約略可以索得。「魚」代表了千島菲律賓的現實環境，魚骨、魚刺、復仇，就是這種痛的語境。

菲華詩人不一定是自覺的後殖民論述者，但那種不自覺的寫作卻潛存著後殖民意識，更為可貴，好似文化的追索已經融入於血液深處，無可離析。

王勇寫的〈燈泡〉：「自以為／光芒萬丈／／開關／捏在別人的／指尖」，早已跳脫昔人常用的鄉愁語彙，〈問道之2〉：「舉目望天／鷹飛揚，問青雲／主權誰屬？」，連天上的鷹鷲都納入書寫的陣容。這就是二十一世紀的菲華詩心。或者，同樣是寫子孫，王勇說：「西瓜比南瓜／南瓜比冬瓜／其實沒得比／／開膛看一看／子孫個頭不一樣／膚色體味也不同」，同樣是寫鄉愁，王勇以「癬」譬喻：「有一種頑疾／癢在外／疼在內／／愈抓愈癢／掉落的皮癬／如月下霜雪」。這是二十一世紀後殖民語境下的菲華詩心，從王勇的近作上，我們看見了消極的相異處，積極的創造企圖。

閱讀閃小詩，容易一閃而過，閱讀王勇的作品，應該在詩頁留白的地方，應該低迴的所在，多所低迴，才不辜負閃小詩所留下來的空與白。

2016年春節　寫於臺北

王勇：《刀劍笑》（閃小詩系列４）

香港風雅圖書股份有限公司，2016年6月

ISBN：9789881499035

逆烈風順情義的李宗舜

多年前，同事從馬來西亞回來，問我：老師，你認識李宗舜嗎？

我說：不認識耶，他是什麼樣的人？

同事說：他寫詩，他說他認識你，將來到臺灣時要來看你。

我說：喔～～

同事說：他的筆名叫「黃昏星」。

一、李宗舜的存在與黃昏星的平臺

我想，很多人喜歡瘂弦、月曲了，不一定認識王慶麟、蔡景龍，聽說過司馬中原、瓊瑤，不一定聽過吳延玫、陳喆。這世上到底先有陳喆，還是先有瓊瑤？先有瘂弦，還是先有王慶麟？似乎也頗值得辯證。

1970年代我已退伍成為研究生，開始闖蕩詩江湖，為一首五十行的詩作〈無岸之河〉

寫出三萬字的長論，與朋友辛牧、施善繼、林煥彰、陳芳明、蘇紹連創立「龍族詩社」，那時已多少知曉馬來西亞有一個龐大的「天狼星詩社」在溫任平的領導下於 1973 年成立，1974-75 年間許多重要成員抵臺讀書，1976 年秋天在臺北羅斯福路五段和木柵地區活躍的溫瑞安、方娥真、黃昏星、周清嘯、廖雁平、殷建波等人另行創立「神州詩社」，雖然最終與天狼詩社分道揚鑣，但多少仍依附著「天狼星詩社」這塊招牌。據說神州詩社組織嚴謹，平日練武健身，聚會的處所就叫「試劍山莊」；據說社員喜歡集體行動，有如神秘幫會；據說社員多達三百多人；據說要見到當家老大溫瑞安，必須經過層層關卡。這樣的傳言不斷，即使在白色恐怖時代曾與蔣經國合影，也招來審訊、判決，終在 1980 年星散。龍族詩社儒士墨客聚集，活躍在 1970-76，神州詩社劍客刀手結義，活躍在 1976-80，我與黃昏星是在這十年間不經意且錯身且相遇。

是的，我認識黃昏星。

但真正深入認識黃昏星，卻是在認識李宗舜（1954-）之後，閱讀李宗舜的散文集《烏托邦幻滅王國——黃昏星在神州詩社的歲月》（臺北，秀威，2012.3），閱讀李宗舜的《李宗舜詩選Ⅰ》（臺北，秀威，2014.4），閱讀溫任平和李宗舜編的《眾星喧嘩——天狼星詩作精選》（臺北，秀威，2014.9），那些耳聞、身歷的詩生活、詩記憶都回來了，也才知道李宗舜還不是黃昏星的本名，原名是同音的李鐘順，有時也易名為李宗順，筆名常用黃昏星、孤鴻，他出生於馬來西亞霹靂州美羅瓜拉美金新村，青少年時與溫瑞安、周清嘯中學同學，早在 1967 年就共同創立「綠洲社」，1973 年成為「天狼星詩社」一員，1976 年在臺另組「神州詩社」，對詩的熱愛、執著，啟蒙甚早，他的詩江湖比我大好多，在馬來西亞與臺灣之間掀波起浪。但 1981-1990 卻為生活奔波，疏於寫作，1978 年就已出版第一本詩集《兩岸燈火》（臺北，神州詩社，1978）的他，直到二十世紀九〇年代才出版另本詩集《詩人的天空》（馬來西亞，代理員文摘有限公司，1993）、《風的顏色》（馬來西亞，凡人創作坊，1995），這三冊詩集合而為我們看到的《李宗舜詩選Ⅰ》（1973-1995）。這本詩選，渡也依李宗舜生活史以 1981 年作為分水嶺，說他「早期詩作抒情，後期敘事。早期古典，後期現代。早期語言優雅，後期通俗。早期寫私我題材，後期寫眾生。早期理想，後期現實。打個比方好了，早期詩作像情人，後期像太太。」頗為風趣。渡也沒想到的是他還有第二本詩選《李宗舜詩選Ⅱ》（1996-2012）所含的三冊詩集、還有陸續出版中的《風夜趕路》（臺北，秀威，2014）、《四月風雨》（馬來西亞，有人，2014）等等，他的詩江湖繼續在延伸、在拓廣，風依然狂烈而他繼續在風雨中趕路。

李宗舜是重情有義的詩人，《李宗舜詩選Ⅰ》（1973-1995）中的《兩岸燈火》（臺北，神州詩社，1978）是與好友周清嘯的詩合集，《風的顏色》（1995）則是為新結識的好友葉明癌症末期祈福用的詩合集。這本《李宗舜詩選Ⅱ》（1996-2012），也是三本詩集的合集：《風依然狂烈》（馬來西亞，有人，2010）、《笨珍海岸》（臺北，秀威，2011）與《逆風的年華》（馬來西亞，有人，2013）。其中《風依然狂烈》依然是他與好友周清嘯（周聰昇，1954-2005）、廖雁平（廖建飛，1954-）三人的合集，詩集出版之日，周清嘯業已逝世六年，李宗舜仍然企圖為知交留下一鱗半爪，抓住那狂烈的風所留存的顏色與舊痕。

或許就如李宗舜在《逆風的年華》後記中所說，這些「穿梭於時光隧道並和時間同步的遊藝之詩，是內心的觀照，也是外在生活情節的一路延伸，觸角從翻滾的紅塵捕捉靈感，再從時間的流逝中焦慮思考，最終成就了一首首從無到有的詩歌創作，引人遐想。」這樣的表白，見證的是他這一生的信念「有詩，可以安身立命。」但我更認為《李宗舜詩選II》見證的是李宗舜一生對友人的俠客情義，他的詩作中多的是遙寄友人的作品，只要是這種「有人」的作品，總是情真意切，令人動容，這是當代華文現代詩所欠缺的溫熱之血，可以讓人有「安身立命」的感覺。兩冊《李宗舜詩選》，黃昏星與李宗舜同在，江湖開闊，劍客頻繁，如果黃昏星在詩社裡是二哥，江湖上李宗舜應該是大哥的風範，只是少見情人與太太的角色串場。

《李宗舜詩選II》，記人，記事，記史，記地，縱橫交錯著黃昏星與李宗舜的江湖風浪、情義雲天。

二、隱沒的年代與李宗舜的存在

李宗舜的生命場域應該是馬來西亞與臺灣的島嶼特色所凝成，在《李宗舜詩選II》中，我選了兩首詩〈膠工〉與〈文采〉作為李宗舜一生的寫照，這兩首詩完成的日子只差一天，〈文采〉是2010年12月2日，〈膠工〉是12月3日，日常尋常日，更可見李宗舜生命踏實的本然。

李宗舜的詩長於敘事，在敘述的過程中見出情義，因為敘述的需要，詩的篇幅偏長，〈膠工〉長19行，在李宗舜的作品中屬於輕工業。

> 婦人衣衫單薄，凌晨四點／頭掛油燈尋入膠園／照著橡膠樹七尺下身／尚未長皮的裸體／復又從樹溝的上層／剝去昨日沉澱的殘跡／順勢輕巧從上至下，從左至右／彎彎劃去一層脆皮／
>
> 膠汁乳白流滴／緩緩淌在杯中，一吋一吋長高／等待計時的凝結／在舖滿一地黃葉的叢林和濃霧／她擔挑的重量斜斜下墜／成就俐落的割膠手臂／遂和園主分享收成的碩果／為的是明日還要早早起身／如舊提燈走入樹林，割膠／視察昨日那一刀劃過的赤裸身形／換上新皮，在風中取暖

李宗舜出生的馬來西亞一年四季高溫多雨，土層深厚，適合橡膠樹成長，西馬排水良好的平原、低矮的丘陵地上，遍植橡膠樹，面積超過全國一半以上的可耕地，膠

林成為馬國最普遍的地景，橡膠的年產量在200萬噸左右，農工商學所有的經濟都依賴橡膠而發展，馬來西亞因此擁有「橡膠王國」之稱。橡膠樹、割膠的書寫，黃錦樹稱之為「小型的精神考古學，是馬華文學『本地風光』的一個長長的腳註。」李宗舜這首〈膠工〉寫日復一日的膠工割膠，日復一日的馬來西亞歷史演替，日復一日的全人類生命狀態，以在地風光、馬來特色，寫出西洋神話中薛西佛斯（Sisyphus）永不停息地將巨石推上山頂，徒勞無望，耗盡一生卻只能成就虛無的荒謬生命現象。

〈膠工〉是在場書寫，現實裎露，〈文采〉則屬於意志的光揚，想像的揮發：

> 寒意中文思紛至沓來＼新詩的血液阻塞開始繞道＼以抒情管樂迴蕩＼簫笙尖拔，如入萬空交響＼在這夜的歌樹樓臺＼實為一己的宣洩掀幕演譯＼黑暗中有些光點，從遠至近＼他唯一的風中唱伴

如果〈膠工〉是馬來生活、群體生命的關照，〈文采〉則是臺灣經驗、自我生命的省思。從十三歲初識文學，李宗舜就開始一生詩的追索，從未間斷。近幾年來，五日一詩的堅持，自我詩選的整編，詩社歷史的回溯，同仁的生活與寫作的照顧，其

實都是〈文采〉的另一種寫照。

李宗舜喜歡「風」，出版過八本詩集、一本詩選的他，其中五本以「風」為名：《風的顏色》、《風依然狂烈》、《逆風的年華》、《風夜趕路》、《四月風雨》，「風」是他一生際遇的象徵，「詩」是他一生中「唯一的風中唱伴」。

如果〈膠工〉與〈文采〉，代表了李宗舜詩生活的實質隱喻，那麼，〈隱沒的年代〉與〈存在〉則是詩生命的內在精神象徵。

〈隱沒的年代〉（2011.8.8.）是組詩，十五首小詩組合而成，寫的是過去的時光、片刻的感觸，不切實指出時、空、事、物，純任感覺流竄、停格，行於所當行，止於所不可不止，代表重情義的李宗舜懷舊感恩的心情。〈膠工〉與〈文采〉，是事物的推進與歷程，〈隱沒的年代〉則是隨事物同時前行的微妙感覺，可以從其他敘事性的作品、本事鮮明的作品中得到印證。這組作品，留存現代主義影響下的痕跡，有著文雅的語言、諧和的腳韻，顯現李宗舜內斂的另一種個性。如第十則：「你以豐碩且粗大的神經╱丈量一條馬路的寬廣╱連同捲起的沿途煙霧╱延伸到無盡處」，作者不實指何事何物，但可以感受到個性裡不拘小節的大氣度。如第十三則：「世人隔絕厚厚人牆╱觀看世紀初文明的強暴╱沿途綠坡赭岩下╱一脈山峰排成虎腰╱遠近馳騁╱在濃霧中躍進荒野的小道╱在舊的生命消逝前╱狂呼山林的動蕩╱復有新的生命在野地張揚╱頂住壯烈的聖火，燃燒」，點出新經濟、現代文明與舊文化、老思維的衝突，也點出新火之不可阻遏。這一則作品兩組音韻交錯成詩，「人牆、動蕩、張揚」與「強暴、虎腰、小道、燃燒」彷彿也形成糾葛纏鬥之勢，十分耐讀。

〈存在〉（2012.10.9.）是李宗舜詩的自我覺醒，五十年詩經驗的總檢討：

我沈溺在理想主義的夜空
借酒消愁
我抽身任由現代主義的雙手
盜版庸俗
我藉機錘打存在主義的惆悵
向風索賠

我每日向浪漫主義的細胞靠攏
詩句在捉摸不定血脈流通
從豎起高閣頻頻探望
把不平夢語流向
荒謬的池塘

多少有著理想主義的想望，總是受著現代主義的洗禮，不免有些存在主義的虛無，更多的是浪漫主義的揮霍，這就是李宗舜詩與人的情義，我們終究可以在《李宗舜詩選Ⅱ》裡認知李宗舜的存在。

2016年春節　寫於臺北

李宗舜：《李宗舜詩選Ⅱ》1996-2012
Malaysia, 有加出版社（U Plus Publishing），2016年3月
ISBN：978-967-13418-4-1

何妨多情

林秀蓉要出版她的第一本詩集《荷必多情》，先拿給我欣賞，一看集名，我就好奇她定名的用意，2015年讀過她在《中華日報・副刊》上那一首〈荷必多情〉，饒有興味，是以此作為集子的主題詩嗎？

荷，必多情

現代人（不只是詩人）都喜歡玩同音字的遊戲，賣螃蟹的要用「無蟹可及」，不僅消極地說你找不到我家螃蟹的缺憾（無懈可擊），還豪氣地自誇誰能比得上我家的螯、我家的蟹黃。賣水的，強調「補水又提神」，所以「一罐就go」，這句混搭著華語和英語，「go」的音既諧和「夠」字，卻也保留「go」的英語原意。詩人吳晟近年來努力推廣「溪州尚水米」，不但是取其「婧」、「水」音近，還國臺語混搭，「最美」的臺語書寫一般寫成「上婧」，但吳晟選用「尚水」，期望保留米中充滿水分之潤的感覺，拋除礁、硬、澀、扁，含水量不足的不良印象，所以，眼睛看著「尚水米」，嘴裡唸出臺語的「上婧」，心中想著國語的「尚水」，一兼二顧，文創、歧義、廣告的效果都在這種地方發揮得淋漓盡致。這樣諧音、混搭的造詞、造句法，已經成為多元文化的臺灣社會裡極為普遍的現象。

顯然，〈荷必多情〉也有著「荷，必多情」與「何必—多情」的雙重可能。原詩發表於2015年9月的《中華日報》，林秀蓉的原始構想到底偏向何方？值得從詩創作的角度來推敲，原詩如次：

盛夏最美的避暑角落
紅與白微啓情緒的線條
動人之色不必崢嶸招展

裙角輕扯旅人的鏡頭
荷葉早已綠透
豎立起的溫潤在風中款擺

飽滿的雨露彈出一顆塵
卻陷進
無法動彈的默
只有大蛙噗通水底的呼聲
響了，一圈漣漪

林秀蓉寫詩的詩齡不長，2015年開始，也不過是一年的歲月，這首詩已掌握住寫詩的訣竅。以鏡頭運用而言，四段分別是遠景、中景、近景、跳開，秩序分明，首段寫荷之所在可以避暑，荷之動人恬靜沁涼；第二段寫荷葉隨風款擺，充滿綠色的溫潤；第三段聚焦於荷葉上的晨露，晶瑩而靜默，彷彿將整座荷花池的靜涼濃縮在這飽滿的雨露上，所謂以小喻大，正是如此；末段，鏡頭跳離荷，寫青蛙跳水，泛起漣漪，以一個小小的微動對比一大片荷園的靜謐，讓前三段的情緒悠悠盪開。荷必多情，從首段的「紅與白微啟情緒的線條」開始，二段的溫潤，三段的出塵，到最後的餘韻如漣漪，一個初寫詩的人如實的情意展現著。

這首詩寫荷的遠觀、近景，好像也透露了詩人內在的詩思之路。不過，如果詩人的原意只止於此，這首詩的題目可以單純為〈荷〉、〈荷情〉，但詩人所用的詩題是〈荷必多情〉，因此，諧音的詞彙「何必多情」在欣賞者的心中必然要掀起一波小小的漣漪。

何必—多情

林秀蓉在〈荷必多情〉這首詩中，其實是以客觀的角度賞荷，寫荷葉綠意飽滿，所以成為避暑角落，引來旅人鏡頭，寫荷葉上的雨露靜靜翻滾入池，對比著大蛙的噗通泛起漣漪。全詩主觀的情緒微微透露，只在初見荷花那一剎那：「紅與白微啟情緒的線條／動人之色不必崢嶸招展」，而且這一主觀的「動人之色不必崢嶸招展」，隱然呼應著全詩所呈現的綠與靜，那是不崢嶸的自在招展。

主觀的情緒不張揚，客觀的書寫內斂而冷靜，林秀蓉以詩暗示著萬物自有情，人只要靜觀就好，「何必多情」！《莊子・知北游》說：「天地有大美而不言，四時有明法而不議，萬物有成理而不說。聖人者，原天地之美而達萬物之理。」詩人的工作，或許也一樣只在於「原天地之美」就好，如何「達萬物之理」則讓讀者自行揣摩，「何必多情」？

以〈荷必多情〉這首詩，看《荷必多情》這本詩集，顯然林秀蓉只是在「原天地之美」而已，她不急於站出來說自己如何「達萬物之理」。

檢閱整本詩集，輯一是〔萬水千山路〕，輯二〔是山皆可隱〕，輯三〔露荷香自在〕，從大範疇的萬水千山、迴天還地間，開始思考，而後逐漸單純視野，親近山，肯認山是心中永遠的王者，最後縮小範圍，凝視著荷、雨、苦楝、葡萄、山茶，點的觀察。其實後二輯可以納入〔萬水千山路〕，萬水千山路中涵括了〔是山皆可隱〕、〔露荷香自在〕，這就是《荷必多情》前三輯的「原天地之美」。

天地有大美而不言，詩人「原天地之美」，為天地之美而言，所以有「詩」。

林秀蓉是相信這個道理的，《荷必多情》以四分之三的篇幅在見證這個道理。

何妨—多情

《荷必多情》卻以四分之一的篇幅在見證「心」的作用。

《荷必多情》輯四是「微吟夜未央」，那「微吟」的云為就是以「心」去感應萬物，以「心」去感應草木蟲魚鳥獸、天地間的億萬生靈。那「夜未央」的說辭，不就是夜以繼日、不眠不休的尋索意志？

讀《文心雕龍》，我最喜歡〈神思篇〉，他對神思的說辭是「形在江海之上，心存魏闕之下。」這種思索真的很神，其實又很實。胡適（1891-1962）的〈一念〉：「我笑你繞太陽的地球，一日夜只打得一個迴旋；／我笑你繞地球的月亮，總不會永遠團團；／我笑你千千萬萬大大小小的星球，總跳不出自己的軌道線；／我笑你一秒鐘行五十萬里的無線電，總比不上我區區的心頭一念！／我這心頭一念，／才從竹竿巷，忽到竹竿尖；／忽在赫貞江上，忽在凱約湖邊；／我若真個害刻骨的相思，便一分鐘繞地球三千萬轉！」是一首精彩的情詩，卻無意間為「神思」的定義做了很好的延伸解說。〈神思篇〉有些文句，令人心服，例如「寂然凝慮，思接千載；悄焉動容，視通萬里。」「神居胸臆，而志氣統其關鍵；物沿耳目，而辭令管其樞機。」「登山則情滿于山，觀海則意溢于海。」「或理在方寸，而求之域表：或義在咫尺，而思隔山河。」這些文句所導引出來的意旨，其實就是心與萬物的相互感應成就了文學。因此，所謂「詩」，不就是「心」與「物」的交感互動，往復牽繫！

《荷必多情》的四輯作品，以〔微吟夜未央〕最為成熟，引生肖俳句的〈蛇〉來看：

蜿蜒的人生路，滿腔愁緒
以冰涼擁抱疲憊的大地
吐露夢想的蛇信，比龍還真

這是以林秀蓉的心，去對應萬物之一的蛇。冰涼、擁抱大地，是蛇的本質，愁緒、疲憊、夢想云云，則是屬於林秀蓉的情牽，二者交互感應，以成此詩。

寫詩所要培植的就是這種心與物的交流互動。面對無情物，何妨多情！《荷必多情》以輯四的〔微吟夜未央〕見證這種多情，似乎也慢慢為讀者理出「達萬物之理」的一條幽徑。

2016年春分　寫於蠡澤湖畔

林秀蓉：《荷必多情》
釀出版（秀威資訊），2016年6月
ISBN：9789864451135

在時間的裂縫裡，溫潤

在電子無翅而飛流的時代，洪淑苓寫作、出書是可以數算的緩慢。詩人的她，第一本詩集《預約的幸福》遲至（或者也可以說「早在」）2001年7月出版，那時宣稱要「以詩的敏銳，為人間預約一份平凡而寧靜的幸福」，要具體實踐「溫柔敦厚」的詩教，好像都在預示：生活、寫作，待人、接物，步調就是舒舒緩緩，安安穩穩。第一本詩集收錄的是作者自八0年代以來到二十世紀結束所發表的作品，這一算將近二十年，這長長的十幾年歲月，已足夠她詩作的風格「由最初的甜美抒情，逐漸轉向圓融飽滿」了！試想，一個人的脾性或者說一個詩人的風格，要由甜美抒情轉而為圓融飽滿，那真的需要十數年，洪淑苓也真的走了十數年，但不要忘記，她是以一本詩集完成的。——你能說什麼？那是她早就預約的幸福。

第一本詩集《預約的幸福》「早在」2001年7月出版，這第二本詩集仍然是在十五年後的2016年才推出，這就是詩人洪淑苓在今日臺灣詩壇的特殊貌，在許多詩友天天貼詩、年年結集中，顯現另一種不理會時間的優雅。

這種優雅，洪淑苓自己是知道的，「寫詩的我，是個沉思、寧靜的我，傾聽內在的韻律，揀選素樸的語言，用文字編織一張柔軟的網，網住夢想、愛與美；這心情，如同窗邊的玫瑰看見自己在明亮玻璃上的投影，也感受到風的輕拂，以及風走過後，玫瑰輕輕的嘆息。」這段話中全是了解洪淑苓的關鍵詞、小鑰匙：沉思、寧靜、傾聽、素樸、柔軟的網、夢想、愛與美、玫瑰的投影、風過後的嘆息。如此沉靜的中文系溫婉、女性絲綢觸感、隔鄰災難的傷愁、小餅乾的歡悅，都可以在這冊詩集的卷軸裡遇見。

這冊詩集最早的一首詩〈風與玫瑰〉，體現了這種詩的情趣與調性。

窗邊的玫瑰
對著過往的風
攤開右手掌
她說
我不要你迷戀我的微笑

我要你讀懂我的掌紋
那是我寫的詩

風照例親吻她柔嫩的面頰
也破例閱讀她的掌紋
錯綜複雜
這是命運，不是詩
風用三秒鐘解讀了她的一生

風離開了
玫瑰凝視自己的左手
緊握的
一卷詩藏在裡面

詩以含蓄為上，以折射為優，很多人讀詩喜歡問「為什麼」，以這首詩為例，他們要問：為什麼玫瑰能與風對話？玫瑰怎麼會有掌紋？風如何用三秒鐘解讀玫瑰的一生?問題很好，但詩人在陌生的水的一方，她如何回答你?屈原、李白在記憶淡白的所在，他們如何回答你?俗話說：「家，不是講理的地方。」初聽，很多人反問：「家不要講理?」不是不要講理，這是體會的方向錯了。很多人，理，直了，氣，也壯了，不過，家的平安和諧也毀了!家人相處，大部分的時候不是拍拍肩膀、使個眼色、皺一下眉頭，就能傳意嗎?家，真的不是講理的地方，而是講情的所在，不需要把理辯得那麼透徹。詩，也不是講理的文類，要的是一種「愛」的感覺。以情、以感覺來看〈風與玫瑰〉，如果將「窗邊的玫瑰」想成是一個女孩，「風」則是一個情意中的男孩，那一切的疑惑不就解決了，詩中「掌紋」所暗示的則是一般人的一生命運紀錄，女孩改以詩來撐起這些遐想，讓「掌紋」、「命運」、「詩」來回往復激盪，在似與不似、可擬與不可擬之間飛翔、流動。這種「飛翔、流動」就是詩，卻也不是「理」字所能耙梳。

這種詩的情趣與調性，從《預約的幸福》到這　《尋覓，在世界的裂縫》，所在皆有。不過，一個長期浸淫中文系的學者詩人，洪淑苓從早期的甜美抒情、傳統的圓融飽滿，到今日的自在飛流，其實隱藏著一股別人所不易察知的「活水」。古典詩學一直在「言志」、「緣情」中或偏或倚，洪淑苓的詩作卻特別走出「敘事」的、瘦長的、少人行的路。

細看《尋覓，在世界的裂縫》，除了卷一是在傾聽內心的韻律，其他五卷不是都在敘說可見可聞的事緣，由近而遠？

卷二談的是尊卑至親、父母子女的言動交流，仔仔細細以詩為記。卷三是為女性發聲，不以傳統溫婉為期約，「女聲尖叫」絕對不是生活中洪淑苓的面向，卻是卷三詩的主軸。卷四是現實的災難事件，失業、自殺的陰風慘霧，雖然書寫這些災難出自於內在的同理心，卻以記敘、重臨的現場感為其脈絡。卷五是溫馨的師生情誼，以詩為媒的印記，藉由糖、弦的美好引入詩的美好，「微行動」教學的紀念品。最後一卷是旅遊的實錄，千真萬確的空間的移轉，卻在卷名上假稱為「時間的邊境」，有時、有空，有人、有事，洪淑苓在傳統中文系的系譜中理出一條少人行的路。

少人行的敘事路上，洪淑苓其實也發展出少人知的敘述訣，詩味就在這個小小的轉折上提舉出來。請析賞這三段詩：

而我猜想您也許在南方
唱著望春風白牡丹
用河洛話
宏亮地
叫醒每個沉睡的夢
曾經，您有一把蝴蝶牌口琴

——〔口琴〕段

那天您吵著要回家，吵著吵著
渙散的眼神不再看著我
生氣了嗎？
您將面容轉向西方
那是日落的方向
您不回頭
我連一滴淚也不敢掉

——〔滴淚〕段

我應該到哪裡尋覓
進站、出站的人潮
一千個詢問
一萬個謊言
我不相信您去了北方
自秋涼的九月
霜降、雪落
（我扶著母親散步，她說找不到另一只枕頭）

——〔枕頭〕段

——選自〈尋覓，在世界的裂縫〉中間三段

每一段的敘述語都會在最後一句跳開，跳到某一個似相關又不相關的位置，保持某種情感的溫度。

如〔口琴〕段，先是敘說著自己揣想的父親可能離去的方向，渾厚的丹田可能叫醒沉睡的夢（最好是先叫醒父親的沉睡），多順暢的敘述，結果，一跳跳到父親善於吹奏的口琴，實不相關，卻又都是父親聲音的回憶與捕捉。

如〔滴淚〕段，前一大節是父親臥病在床或父女漫步時的情節，末一句則是今日悲痛難抑，欲哭無淚的現實。

如〔枕頭〕段，正在訴說自己的尋覓、思念、猜疑，還從現實天氣的秋涼直接轉到情感的霜降、雪落，「我扶著母親散步」，多自然的生活實錄，卻急轉為母親的思念，那不再共枕的沉鬱、重傷，卻是這麼一句平凡的言語所帶出。

我們都在世界的裂縫中尋覓，尋覓親情，尋覓理想，尋覓愛。

洪淑苓的詩給了我們情愛的溫潤。

2016 年驚蟄之前　寫於蠡澤湖邊

洪淑苓：《尋覓，在世界的裂縫》
釀出版，2016年8月8日
ISBN13：9789864451227

亦文亦詩且詩且歌王宗仁

臺灣散文詩是一個特殊的文類，詩家避之唯恐不及者有之，視之有如蛇蠍者有之，趨之若鶩者有之。因為寫作散文詩而卓然有成的詩人，最最前行代的詩人是日制時代「風車詩社」的楊熾昌（1908-1994）、終戰後來臺「現代派」的紀弦（路逾，1913-2013），繼其後而行的是「現代派」的商禽（羅顯烆，1930-2010）、秀陶（1934-）；大張旗鼓的是中生代詩人蘇紹連（1949-）、渡也（陳啟佑，1953-），另起爐灶的是新生代詩人王宗仁（1970）、李長青（1975-）。

從這一簡易的傳承圖來看，代與代之間的距離，大約15年，同代間人與人的年歲則相差5年。這一脈相衍的系譜裡，蘇紹連應該是一位承先啟後的關鍵人物，他所承繼的是廣義的、前衛的、實驗性質濃厚的現代主義，來自臺北的詭譎風雲；但他帶動了中部的新生代詩人努力創作散文詩，而且以現代主義（含超現實主義）的手法結結實實「質變」了寫實紀事、經世濟時的作品，伸延了散文詩的怪手進入中彰投，開啟了現實內涵的散文詩新貌，王宗仁、李長青正是他影響下的兩位散文詩寫手。

蘇紹連曾經說過：「王宗仁是臺灣新一代的散文詩第一把號手，他吹響了自己的聲音。」這句話的重點在「吹響了自己的聲音」，能吹響自己的創意才是真正的傑出詩人。

王宗仁第一本散文詩《象與像的臨界》（爾雅，2008），顯然已在「象」與「像」的臨界處游移，正是藝術與現實間灰色地帶的闖蕩者，藝術講究的是形與神、象與意的分合、交疊、對應，這種意象的覓尋或可視為現代詩人必然的步履。經由這樣的象與像的游移，臨界的徘徊，才有找到自己的聲音的這一本散文詩集《詩歌》（2016）。

散文詩是詩還是文，有些論者喜歡在這種文類的分類上多加著墨，王宗仁卻選擇散文詩此一特殊的文類展現自己。流行歌是詩還是歌，現代詩要走向合韻的詩、還是不合韻的歌，詩壇多所爭辯，余光中早年一首〈昨夜你對我一笑〉受到多少訕笑，陳克華一曲〈台北的天空〉傳唱於多少青年的口與耳，當大家還在迷惑誰是誰非的時候，王宗仁選擇出版自己的第二本散文詩集，緊密接合現代詩與流行歌的《詩歌》。就這點，亦文亦詩，且詩且歌，王宗仁有著詩人傳承的叛逆性格。

《詩歌》整本詩集是王宗仁全心投入流行歌曲（傳唱於青少年的當代流行歌曲），而後以現代詩（無折無扣的現代散文詩），全身而出的一部詩集。是他故意擦撞流行歌曲的現代詩火花，以「意」以「象」回應「音聲」。

第一首詩具有開宗明義的作用。「歌」的題名已有「詩」意：〈詩人自言自語：嚴重地心不在焉〉。

我瀕臨瘋狂／生存全　感覺／生活全靠想像／
一艘紙船原地打轉／失去方向／
只是一盆水的汪洋／
我在水中央／無所事事地／一無所有地遊蕩

——黃俊銘〈詩人自言自語：嚴重地心不在焉〉，
作詞：李格弟（「幾米地下鐵」音樂劇）

「歌」的主意象是「只是一盆水的汪洋」，王宗仁全「詩」藉此起興，每一段都在呼應「一盆水的汪洋」，最後又巧妙地切合「歌」名「自言自語」「心不在焉」：

> 今天好像又比昨天微渺，微渺到可以輕易滲過語氣和詞藻，像浪花尖上的一滴水，在乾燥前，就已記不起海有多遠。／／
>
> 今日總會漂浮在明日之上，好比世界的真實過重，而詩是最輕最輕的謊，所有被朗讀的詩句，在韻腳失蹤前，就已憶不起曾輪廓的美好。／／
>
> 營火堆上的一縷白煙，在形狀消失前，早已忘懷森林的綠。剛穿過風鈴的風，在音聲消逝前，早已忘記地球如何自轉。第一聲鬧鐘尚未響完，我們就已遺失夢的秒針。／／
>
> 只是一盆水的汪洋，就困住了自己的陸塊；或者我說，以上這一切，都只是自言自語，都只是詩人無所事事、流離失所時，嚴重的心不在焉。

這「歌」已是詩人李格弟（即夏宇，本名黃慶綺，1956-）的作品，但終究以歌詞的樣貌存在，保有歌的特質。王宗仁則以詩的語言、詩的想像呈現：「像浪花尖上的一滴水，在乾燥前，就已記不起海有多遠」／「今日總會漂浮在明日之上」／「營火堆上的一縷白煙，在形狀消失前，早已忘懷森林的綠」／「第一聲鬧鐘尚未響完，我們就已遺失夢的秒針」，這樣的句子飽滿詩意，是詩，非歌，值得閱讀，不好譜曲。這樣的句子起興於「一盆水的汪洋」，卻衍生微渺、漂浮、浪花、海的意象，衍生出第三段時間幻滅的快速。

《詩歌》的編輯，先歌而詩，先後列置，歌略而詩詳，本末分明。對讀者而言，知道詩人的感興因歌而起，閱讀歌詩之後，可以在兩者之間往而復，來回巡索，增多詩意游移的空間。熟悉歌曲的人或低歌、或沉思，不熟悉流行歌曲的人添加閱讀「歌」的機緣，都可以豐富「歌」與「詩」的生命力。

王宗仁的「詩」來自於「歌」的觸動，這樣的詩的衍生力，王宗仁的詩也承傳下來。例如〈詩人自言自語：嚴重地心不在焉〉的「詩」行：

營火堆上的一縷白煙，在形狀消失前，早已忘懷森林的綠。
剛穿過風鈴的風，在音聲消逝前，早已忘記地球如何自轉。

第一聲鬧鐘尚未響完，我們就已遺失夢的秒針。

這三句詩，讀者心中一再迴繞，其實可以衍生出更多的可能。

詩人可以自言自語，歌者可以心不在焉，讀者卻很清楚第一聲鬧鐘尚未響完，我們即將遺失夢的秒針，所以，我們應該在韻腳消失前即刻抓住詩的美好，或者衍生出我們自己的歌詩。

2016驚蟄日　寫於湖畔小木屋

王宗仁：《詩歌》
遠景出版社，2016年5月1日
ISBN13：9789573909859

唯微言能大其義

方群（林于弘，1966-）要出版他的詩集《微言》，他自謙是「人微言輕」，人輕微，言輕微，所以，以《微言》顏其詩集。但二十一世紀的今天哪一個人是輕微的？所有的邊陲都可能瞬間成為中央啊！而且就語序而言，詩集是《微言》，形容詞在前、名詞在後，可不是「言」在前、「微」在後，「微」只作為「言」的效果補足語而已。

不論是誰，見「微言」二字沒有不接「大義」的，這就是方群聰明的地方，他可以客氣地說：我只說「微言」而已，「大義」是讀者的想像空間。讀《微言》，能不能見「大義」，那是讀者反應論者應該討論的範疇，可不是作者我方群的責任。

「微言大義」的「微」是細、小、輕、薄之意，觀察方群的《微言》，一首詩大多是三行，頂多五行，正是現代詩中的微言、小詩。

「微言大義」的「微」又有「精微」之意，既精深又微妙，有如《禮記．中庸》所說：

「致廣大而盡精微，極高明而道中庸。」這時的「精微」是小而具關鍵性的所在，可能藏著魔鬼或天使的細節處，這正符合詩的「經濟」用字準則：用最少的語言，獲致最大的感動。所以，如果改寫《禮記．中庸》的話，或許可以做為詩的定義，那就是：「詩是盡精微而極高明」，盡力探索人性或自我；或者「詩是盡精微而致廣大」，「詩是盡精微而道中庸」，詩在為社會尋找公平正義。二者的重點都在「盡精微」這三個字的小詩暗示。

所以，《微言》是小詩之集。

這部詩集的特色在於每首詩的題目都是兩個字，這兩個字自然成詞，卻又可以獨立成詞，詩人就單字獨詞發揮，二字可以互為呼應，也可以自力更生，且不一定去切合題目二字詞的原意，有的切合多，有的切合少，這也是詩所努力留給讀者的想像空間，智者見其智，仁者見其仁。

如〈氣球〉這首詩，

〔氣〕

憋了一肚子
騰空躍起的
自閉

〔球〕

自以為周延的完美
滾動
瞭望的方向

〔氣〕字呼應大家習知的氣球，〔球〕卻獨自「滾動」，但末句的「瞭望」卻又抓回汽球升空的真實世界。

另一首〈沉默〉則各自為政，沉自管沉，默自管默。

〔沉〕

漂流之外
是陷落生命質量的
無垠比重

〔默〕

一隻黑色的狗
蹲坐著，與我
相視
無言

〔默〕字還以析字的方式自我娛樂，將「默」字析分為「黑犬」，又以「相視無言」切合「默」與「沉默」的涵義；但「沉」字只管「陷落」自己，不去扣合不言無語這是隨興的樂趣。切有切的機智，不切有不切的開闊。如〈發票〉一詩，〔票〕字已完全貼合「發票」的所有內涵：「凝視著／身分的簡陋憑證／一種根本的對等價值」，因此〔發〕字就有極大的空間可供驅使或轉換，此處「膨脹的軀體／兌換／遺忘的歲月相思」，既可以自嘲中年發胖的軀體，也可以自嘆相思與日俱增，「發」字又呼應著（對比著）〔票〕詩內的「身分的簡陋憑證」，一舉而三得，這就是「唯微言能見其義」。

當「微言」與「大義」對舉時，「微」與「大」都是形容詞。微言是片言隻字，短小的詩篇；大義原指古聖先賢的經典言論，這裡是指詩人所欲提呈的詩中旨趣。年紀輕時，詩人可以在情趣中追求詩意，中年以後，詩人應該將自己一生所思所得所悟，透過意象語，呈現愛情觀、生命觀，對社會萬象，表現自己的觀察與觀點，方群已到了「知天命」之年，他的詩作開始透視物與人的表象，透徹識天命、知物理，尤其幾次進出恢復室、加護病房，樂觀風趣的天性依然健在，那種豁達是先天的秉性與後天的修鍊所激發而成。先看他寫的〈田地〉：

〔田〕

這方小小的領域
用心想
也可以
看見未來

〔地〕

有土之後，也
可以容納
眾生的蹄印

田與地，可以視為同義複詞。但在這首詩中卻歧分為二：「田」用心想，就是「思」字，有思想才有未來；卻也無妨於保留「有土斯又財」的關於「田」的未來式期望。「地」字，左土右也，因此〔地〕詩的第一行，「也」字就有了有趣的連綴作用，廣土大地可以容納眾生的「蹄印」，獸為蹄，人是印，都在開放的天地間奔馳，這是實寫，卻也是心胸開闊的象徵。

因此，我想更進一步思考，「微言」與「大義」對舉時，或許「微」與「大」也可以是動詞，「微其言」而「大其義」，唯有「微其言」所以能「大其義」。

寫〈空調〉一詩，方群如是書寫「什麼都沒有，也／更容易／擁抱宇宙」，如果將此詩改為一行書寫：

〈空〉：什麼都沒有，也更容易擁抱宇宙　（方群）

似乎可以跟白靈（莊祖煌，1951-）為「空」字所寫的三則一字詩相比：

〈木魚叫醒了一早晨的〉：空　（白靈）
〈費一生工夫才挖開的穴〉：空　（白靈）
〈色×光速平方＝〉：空　（白靈）

白靈這三則一字詩，〈〉內是題目，「空」是內文，三首詩依序按著字音、字形、字義在思考。方群則是藉〈空調〉之「空」（空氣）寫「空無」之「空」，各有勝場。但也都因為字數壓縮到極小，其義可以無限擴大。

再如〈涵洞〉之「洞」：「穿透兩端／過去或者未來／遠離或者抵達」，一個四車道寬的涵洞，方群將它納入無線大的時空中思考，這是「大其義」的努力，五十歲的胸懷，還真不容易！

或者再以〈抽象〉一詩為證例，既可窺其詩觀，又可見其胸懷。〔抽〕是詩觀：「隨意，選一首詩／用晦澀塗抹／蔓延隨意紛擾的經文」，詩之由來是隨意、隨興，「晦澀塗抹」、「隨意蔓延」是詩的技巧，注意，「經文」是詩的內涵。將詩的高度提升到「經文」，這樣的詩觀是從內到外，無限在擴大。至於胸懷，則從〔象〕詩看出：「如此具體／真實且龐大／什麼都可以掩藏的／包容」。「微其言」而「大其義」，正是方群最新微型詩集《微言》的特質所在。

《漢書・藝文志》曾言：「昔仲尼沒而微言絕，七十子喪而大義乖。」如今，《微言》

發行，甚且大行，期望詩之大義不乖，方群能繫住那顫顫巍巍的一線詩之生機。

2016.3.30. 清明前四日　寫於明道大學

方群：《微言》

遠景出版社，2016年6月22日

ISBN13：9789573909873

我們活著是為了讓詩活著

與林煥彰（1939-）相認識，是在「龍族詩社」結社（1971）之前，超過半世紀的友情，淡水中有真淳，平凡裡也有一些深刻的印記。

一個國小畢業生從宜蘭礁溪鄉下來到台北，偏居在南港、汐止地區，林煥彰憑甚麼能在詩壇掙得一席之地？如果前行代詩人把「詩」當作他們的宗教、一輩子的信仰，介乎前行代與中生代之間，尷尬的群族、獨立無所依傍的少年，似乎也有這樣的體認，「詩是生活」應該是林煥彰一生最佳的寫照。他相信生活中有「詩」，他相信「詩」可以給他活存的能量。

最新的詩集《猴子，不穿衣服——小詩・沒大沒小》可以證明這種說法。據他說，詩集原來要叫做《小詩・沒大沒小》，原來只是最近兩年（2014-2016）所寫作品的合集，以「沒大沒小」來稱呼這些作品，因為這集詩作大部分是他近年來努力鼓吹的六行小詩，小部分增多了幾行，更小一部分以散文詩呈現，他一統納入，所以有「沒大沒小」的感覺。其實，講河洛話的我們一看「沒大沒小」，心中清楚：這是長輩用來訓誨孩子的話，指責孩子心中沒有尊卑的觀念，近乎「目無尊長」的意思。林煥彰藉這句話來自我解嘲，他的詩，他的畫，就是他自己，他自己想的，自己寫的，自己畫的，素人的形象。這讓我想起管管（管運龍，1929-），他自稱是「詩壇的孫悟空」，石頭縫中蹦出來的，沒有傳承，沒有包袱，不受任何束縛、拘囿，我說的算，我畫的算，我就是我自己，我就是詩。這兩位詩人，在這點上是相通的。他們各有自己的一片天，憑他們的稟賦，憑他們的自信，憑他們的好學好問，成就自己。

「沒大沒小」，有一點自我調侃，更多一點自信豪氣。這就是林煥彰心中所存有的：「詩」（包括畫）可以給他活存的能量。

不過，這《小詩・沒大沒小》終究只成為副標題，因為他後來想要納入他從羊年就開始畫的「千猴圖」，他希望可以跟羊年出版的《吉羊・真心・祝福》相配成套，詩畫同時呈現，詩集之名就定為《猴子，不穿衣服——小詩・沒大沒小》。以我浸淫在學院中要求整齊、整飭的習慣，說不定我會調整為《千猴・沒大・沒小》，與羊年的《吉羊・真心・祝福》搭配得有模有樣。小時候，祖母最常說我的，就是「你呀，大尾烏魚」，「你呀，大尾鱸鰻」，「你這個猴齊天」，可見我也曾是不易馴服的。在文學藝術上，創作，還是不要被馴服的好。

雖然我可以算是「千猴圖」的首位策展人，我策畫3月2日至16日在明道大學圖書館展出「千猴圖」，策畫幼兒園的小朋友隨他塗鴉，大學生跟他學構圖、學設計、學心境，玩線條、玩色彩、玩創意，約集中學老師與林煥彰在童詩教學上互動，我也喜歡那種隨興勾勒而猴形千變、詩意無限的創意。但我還是回歸他的「詩是生活」這一主軸為好。

在《猴子，不穿衣服——小詩・沒大沒小》這本詩畫集裡，林煥彰放置了兩首「序詩」，一首是〈猴子，不穿衣服〉的手稿，稱為「序畫」，詩人、畫家點出一個存在已久的事實，大家習知的畫面，竟然可以憑此成詩、成畫，美，已然存在，只是缺少發現，其此之謂乎？或者是另一類的「國王的新衣」，很多人被亂糟糟的社會「社會化」了，童稚的心、天真的眼被矇蔽了？或者，「不穿衣服」，不被約束的自在，才是詩藝術真正的靈魂？

另一首是〈要，不要〉的手稿，稱為「序詩」手稿：

不要讀我的詩，
請讀我的心；

詩，用文字堆疊
心，是血肉生

我的詩，已經死了
我的心，還在淌血……

這首詩可以視為林煥彰近期的詩觀。「詩」早於詩而存在，期望的是讀者懂我的心，不是去計較我的文字，文字只是詩的載體，很多的詩可以用文字堆疊而成，但重要的是有沒有為別人的存在而存在的那顆有血有肉的心？這樣的一顆心才是詩。

這種詩與死、活的辯證，此詩集中還有兩首，值得深入思考，藉此可以了解「沒大沒小」的林煥彰真的「沒大沒小」嗎？

〈活着，寫詩〉

什麼都會死，
只有詩才能活著；
寫詩，她會比你
活得更久。

〈要什麼——自勉題詞在名片背面〉

活著，寫詩
死了
讓詩活著。

詩人可以不幸，詩家卻要長幸；詩人歲數有定，詩卻可能進入永恆。詩人林煥彰是抱著這種認知在寫詩，所以，他讓生活有詩，讓生活裡的時時刻刻都有詩，舉手畫畫、揮毫，都是詩，投足臺灣境內、境外，都是詩。

以這部詩集來看，他有「物件・物語」這樣的作品，襪子、鞋子、褲子，何物不可入詩？他有〈農民心事〉這樣的詩作，「？！＋－」，哪種符號不可替換生物？所以，在這部詩集裡，「整夜。雨路過我住的山區……雨，路過　路過我的心，穿透時間空間」（〈雨，路過〉），「風，高過。高過晨起的陽光，……高過，我已完全不絕望的重複」（〈風，高過〉），「雲，想過隨風飄泊……雲，想過河中的一條魚兩條魚三條魚無數不再見證的魚和雨，都想過」（〈雲，想過〉）。平凡卻又出乎一般人的思緒，〈雨，路過〉，〈風，高過〉，〈雲，想過〉，都是有趣的擬人化想像；〈上上下下〉，〈長長短短〉，〈左左右右〉，也可以成為詩的入口。2015年8月23日煥彰失去髮妻，妻後百日的時間裡他寫了〈日常・無常・如常〉十二首散文詩、〈妻後〉十首六行小詩，椎心的撞擊，悲戚的日子，是個人的無常，拉遠距離，未嘗不是群體的日常，七十八歲的生活讓林煥彰如常行事，如實記錄，他以整　詩集見證自己一生的信仰：「生活是詩」，喜怒哀樂生離死別，如實記錄，都是詩。「詩是生活」，不唱高調，不談理論，隨興裎露，隨意揮灑，我們活著是為了讓詩活著。

2016年天清地明之日　寫於四獸山之前

林煥彰：《千猴．沒大．沒小：林煥彰詩畫集》
釀出版，2016年6月29日
ISBN13：9789864451197

十年一劍・風華無限

一、十年磨一劍，今日把示君

「小詩磨坊」首創於2006年7月曼谷，2008年新加坡、2009年馬來西亞相繼成立，到2016年7月剛好十周年。中唐詩人賈島（779-843）有一首詩〈劍客〉，似乎可以拿來做為泰華《小詩磨坊》十年出版的激勵磨刀石。

十年磨一劍，霜刃未曾試。
今日把示君，誰有不平事？

賈島〈劍客〉這首詩，清人李鍈《詩法易簡錄》（蘭臺書局，1969）讚其「豪爽之氣，溢於行間」，不知泰國《小詩磨坊》的詩人們，經歷十年不斷的磨練，是否也有這種豪氣、這種自信？今天出版《小詩磨坊》泰華十周年版，就是一種「示君」的公開行為，敢問一聲「誰有不平事」嗎？

「十年磨一劍」，顯示詩人的決心毅力，無與倫比。十年之間全心嘗試六行小詩，在有限的字句裡追求無限的詩心、詩意、詩情、詩境，反覆練習、琢磨，相互借鏡、觀摩，既可磨去硬殼、磨除粗礪，又能摩之娑之使其細緻、溫潤。這一番砥礪的十年功，值得自己為自己按個「贊」。

「霜刃未曾試」，十年的磨練是可以把劍磨得光閃閃、亮晃晃，霜一樣、月光一樣的白，但這閃亮的寒光，有削鐵如泥的力勁嗎？十年的努力，我們可以寫出外型、模樣像詩的作品，讓自己的作品有著「霜刃」一樣的寒光，但她經得起廣大讀者群的檢驗，獲得讚賞嗎？經得起歷史的汰選，在詩史中發光嗎？是，是「霜刃」，是，是「未曾試」，但這「未曾試」不就是「躍躍欲試」嗎？

「今日把示君」，是媳婦終究要見公婆，是作品終究祈求能傳播於世，或許要像《唐詩三百首》裡朱慶餘〈近試上張水部〉所說：「洞房昨夜停紅燭，待曉堂前拜舅姑。妝罷低聲問夫婿，畫眉深淺入時無。」今日妝罷了，出版了，多想問一句「畫眉深淺入時無」？問誰？問「君」——那個識你、認你、體貼你的人。

「誰有不平事？」其實，更要問左近、遠方，不認識的陌生人，我的詩能為你做什麼？我的詩說出你的心中事、不平事嗎？你還有什麼心中事、不平事要我為你說出？詩與劍，都不只是為了展現個體的個性，而是為了追索、維繫人間共有的人性。

以「郊寒島瘦」馳名詩史的賈島，此詩卻造語直率，不假雕飾，像劍一般直指詩之真、人性之真，詩語明亮有如霜刃，詩思明快卻似劍芒，賈島率性而揮，卻值得我們一起思考我們是這樣的「劍客」嗎？

二、〈暮色〉裡劍氣霍霍的嶺南人

《小詩磨坊》泰華詩卷依齒序編輯，第一位出場的是前輩詩家嶺南人（符績中，1932- ），出生於海南文昌，山西大學中文系畢業曾出版詩集《結》、《嶺南人短詩集》、《我是一片雲》。其詩從生活小事中娓娓道來，如早餐桌上的薑與蜂蜜，讓我們品出老薑的辣與淡淡冬蜜的甘醇（〈老薑〉），因為年歲的關係，這薑已是文明社會「薑茶」的薑，沒有了野性，濾除了辛嗆，不會生冷；蜜，選擇冬蜜，比起春蜜、夏蜜，冬蜜含水量少，穩定性高，味更甘，性更醇。冬蜜、老薑，在在暗示著詩人歲月累積深厚，思慮沉穩。

思慮沉穩的另一個表現，是這次嶺南人作品中有多首詩表達他對傳統文化的繫掛，如〈老子駕牛車漫遊曼谷〉、〈孔子訪曼谷〉等等，詩人將傳統文化的根柢放在新世代的曼谷中遊訪，期望引起一些撞擊，顯現華人在異地、異文化生存的本質性的憂心，也是泰華、菲華、新華詩人共同的焦慮。

蘇東坡說「日啖荔枝三百顆，不辭長作嶺南人」（〈惠州一絕〉），寫出嶺南人對荔枝的特殊感情。當代泰國嶺南人在最近的詩作中，除了〈老薑〉之外，還有〈紅蘿蔔‧白蘿蔔〉、〈沙爹——烤肉串〉、〈香瓜〉、〈番薯〉等食物詩，這是常民生活的寫照，多層面顯現亞熱帶食物（植物）的區域特色，也是命脈延續的不自覺期望，其中沙爹與番薯對舉，更暗示著泰與華的相對性與和諧感。吃，文化異同的另一種敏感顯影劑，在蘇東坡與嶺南人的詩作中都有著細膩的呈現。

如果仔細閱讀這些食物詩，會發覺嶺南人對顏色的敏銳與機靈：紅蘿蔔、白蘿蔔、青椒、香瓜、白醋，都以顏色引人注目，其他如紅場、紅旗、白草帽，都顯示八十歲詩人的色感極為強烈，強烈的色感是旺盛生命力的一種揮灑，試看他的新作〈暮色〉：

選靠窗的沙發坐下，看窗外的花
樹上的鳥。品星巴克咖啡的香醇

下午四點的陽光灑在低胸無袖
一身黑色的一位女子身上
暮色逼人來，那紅那紫那金黃那銀灰
交映生輝，引人頻頻回眸

暮色雖逼人而來，嶺南人詩中」那紅那紫那金黃那銀灰交映生輝「，引人頻頻回眸。

三、曾心在與萬物邂逅中體悟人生

出生於泰國曼谷的曾心（曾時新，1938-），祖籍廣東普寧圓山鄉，先後畢業於廈門大學中文系、廣州中醫學院，曾在廣州中醫學院教授《中國醫學史》，二十世紀九〇年代初重回文壇，重新創作，文類繁多，散文、新詩、小說、評論均有著作出版，現為泰華作家協會秘書、小詩磨坊發起人之一。

曾心在眷戀華語傳統文化上，其心與嶺南人相近，嶺南人寫老子、孔子，這一次曾心專注於陪柳宗元釣雪、陪李白喝酒、陪陶淵明種菊、陪屈原種蘭花，寫屈原、寫淵明、寫李白、寫柳宗元，其實都在寫曾經的自己，吐露自己現在的心聲。譬如寫屈原時，說屈原種的蘭花數千年開不敗，自己種的蘭花則開在《離騷》裡，因為基因相同，詩心相繫，屈原、屈原故里、屈原的香草美人，兩千年後仍然是華文世界詩的原鄉。〈陪陶淵明種菊〉則寫今日工業文明下的霧霾之害，從前淵明採菊東籬下可以悠然見南下，今天曾心種菊，遙望南山，莽莽濃霧不僅不見山，也不見天，是否也暗喻著政治清明的期待？陪李白喝酒，是否見證著現實中假話太多了，往往酒後才能吐真言、見真情？最有趣的是〈陪柳宗元釣雪〉，孤舟上的簑笠翁柳宗元，因為獨釣，所以釣得的是寒江雪，曾心用以對比的是「小詩磨坊」同仁聚會切磋，不孤不獨，所以釣得的是滿筐蹦蹦跳跳的小詩，古典、今典，錯雜使用，應景有趣，令人會心一笑。

這種長者的智慧，其實也表現在曾心的詠物詩上，一只家常的「碗」，可以聯想到東半球是個碗、西半球也是個碗，天空更是個大碗，甚至於悟得「我捧著小碗漸漸長大／大碗慢慢把我吃掉」，人的一生也不過是「生生滅滅在碗中」！

相對於日常的「碗」，我喜歡曾心遠望天空中的煙、雲，所悟得的〈邂逅〉：「我是一綹煙／你是一朵雲／在藍天中邂逅／／隨著一陣風過後／你還是你／我還是我」。簡明的六行，自在的人生啊！

四、林煥彰猴翻猴滾在六行詩裡

六行詩在泰國、新加坡、馬來西亞、印尼等地颳起一陣旋風，臺灣宜蘭的林煥彰（1939-）無疑是其中的靈魂人物。

2003年1月林煥彰在泰國、印尼《世界日報》（臺灣《聯合報》系）副刊，推廣六行以內、七十字以下的小詩，逐漸在東南亞華文世界引起迴響，引發寫作風潮，2006年7月還與泰華朋友組織「小詩磨坊」，相互切磋，隨後發行馬華、新華各地《小詩磨坊》詩卷，發表〈六行小詩的新美學〉，指出小詩的基礎美學是：篇幅小、字數少、個性化、有創意。所以，形式有精緻之美，語言有簡潔之美，意念有獨特之美，詩想有創意之美（見《小詩磨坊》馬華卷1之〈代序言〉，秀威資訊公司，2009，頁7-8。原為2008.7.20《小詩磨坊》泰華卷2發布會演講稿）。一時風行草偃。江蘇常熟理工學院教授計紅芳也因為這樣的小詩運動，認為「小詩只是一個小宇宙，它捕捉的是生活中瞬間閃光的詩美感覺，但也同樣可以承擔豐富的人性內涵和現實旨向。」稱之為「六行之內的奇蹟」。（見《小詩磨坊》泰華卷2之〈代序言〉，秀威資訊公司，2011，頁3-11）。

臺灣白靈（莊祖煌，1951-）以長詩躍起於臺灣詩壇，卻積極鼓吹小詩，曾言「詩是宇宙之花，既出現在地球，必然也遍在上下天宇數百億光年的諸多星球之中。見一花即見眾花，只是或先或後輕盈地開放在三千大千世界、古今高等智能生物之心頭，如在樹顛，如在草尖。但世上可曾有繁重如石的花朵？」（見《小詩磨坊》泰華卷5之序〈在燈下燃燒〉，留中大學出版社，2011）白靈說詩是宇宙之花，遍布各星球之中，這是詩人奇想，不足為奇，但轉問「世上可曾有繁重如石的花朵？」卻是驚醒人的話，為小詩運動添增了一句名言。

在這《小詩磨坊》中，林煥彰選入2016.04.02所寫的〈路邊，一顆石頭〉：

一顆石頭，不知他在想什麼
麻雀跳跳跳，他沒有理牠
我走過，一個下午
來回；他也沒有理我
白天，晚上；大概都是這樣……

詩後附言：「沒有生命的也把它當作有生命的，自然我又有詩可以寫；詩寫什麼？有什麼不能寫？我嘗試什麼都寫。」

這樣的一首詩，一段附言，很清楚地驗證他自己說的話：詩是人生的態度。詩是現實的彌補。詩是善良的語言。詩是心聲。詩是真誠。詩是抒情。詩是批判。詩是慰藉。詩是不能不說。詩是發現。詩是想法。詩是宗教。詩是哲學。詩是只有付出沒有收入。詩是是是非非，似是似非。詩是有一切的可能，因為她一直都在演變中。（見《小詩磨坊》馬華卷1之〈代序言〉，頁23）這就是林煥彰信仰一輩子的「生活詩學」。

從這首詩，可以掌握寫詩訣竅最重要的一點，那就是擬人化，那就是把沒有生命的當作有生命的看待，那就是設身處地為對方思考，那就是純真的心靈。其次是寫詩的自信心，要有天上天下唯我獨尊的信念，才有獨創的可能，沒有什麼不可入詩，林煥彰隨意挑選路邊一顆石頭，即刻入詩，何必大江大海，何必美奐美侖，何必至情至愛。第三，寫詩是在不相干的事物間找到新繫連，石頭——我——麻雀，林煥彰為他們找到新關係，石頭——我：「我不知石頭在想什麼」；麻雀——石頭：「麻雀跳跳跳，石頭沒有理麻雀」；我——石頭：「我走過，他也沒有理我」。這三個關係鏈，不算是重大發現，詩人卻將他們串聯在一起，衍生新局面，成就這首詩。最後一項，我們應該領悟，在這首詩的最後一句，林煥彰盪開原來的場景，從地面上石頭（礦物）、麻雀（動物）、我（人物）所依存的空間，轉換到「時間」：白天，晚上，都是這樣。藉此織廣、挖深原有的格局。

林煥彰的六行詩是小小的麻雀，卻有強大的五臟、活血。

五、博夫看見飄泊的一滴血

記得博夫（樊祥和，1946-），是因為記得他的兩首小詩。

第一首是〈寶島台灣〉。

一輩子都從離地面 168 公分高的地方看世界，有一天可以從空中俯瞰臺灣，那是多興奮的事！一輩子都從臺灣看世界、看大陸、看東南亞，有一天可以從別人的詩眼看回臺灣，那將多讓人驚訝！

博夫的〈寶島台灣〉只有四行：「鄭成功的一滴血／大陸的一串淚／／遠離海岸的一艘船／在歸途上飄泊」（見《小詩磨坊》泰華卷2，頁120）。每一行都簡潔，每一行都讓人震撼。

就詩言詩，這首詩有三個相當準確的意象：一滴血、一串淚、一艘船，適時適地加上鄭成功、大陸、海岸的限制詞，點出臺灣的歷史位置，如果小詩也可以有史詩的氣魄，這首〈寶島台灣〉是具足了這種威勢。這首詩的最後一句是前一句的敘述補足語，確立了臺灣未來的歸屬，就詩言詩，如果最後一句也延續前三句的造句模式，提供另一個意象，形成四句四個意象，兩兩相對，不加言說，不給結論，或許更有詩的想像空間：「鄭成功的一滴血／大陸的一串淚／／遠離海岸的一艘船／望穿秋水的一對眼」。選「一對眼」，不用「一雙眼」，因為可以同時照應海峽兩岸，也可以顯示為焦急的某一方。

博夫祖籍江蘇張家港市，留學日本，曾僑居南美洲，遊歷三十多國後定居泰國，寫作新詩、散文、遊記、小說，擅長金石篆刻、微雕髮雕，曾擔任過電視劇《日出日落》

導演，經歷豐富，才藝精湛，如此見多識的藝術家怪不得以「博夫」為名。他的另一首詩〈涼亭〉顯露他的心向天地開放：「不置門窗／是怕風月被你拘束／／大開戶牖／讓浪花隨時滋潤我的襟懷」（見《小詩磨坊》泰華卷 2，頁 136），也讓我記憶深刻。

涼亭，本來就是有屋頂、有柱子，沒牆壁、沒門窗的簡易建築，一個既成的、約定俗成的建築，但在詩人的歌詠下，卻是任無邊風月盡情舒展、讓浪花隨時滋潤的胸襟。詠細物，寓大襟懷，「人與天」渾然為一，自是天作之合。後來我在《小詩磨坊》泰華卷 5 也見到楊玲的同名和詩〈涼亭〉：「不置門窗／怕笑聲被你囚禁／／給涼亭裡的笑聲／譜上樂曲／滋潤我的詩心」（頁 180），則是細膩的「人與人」的融融和合，另有佳妙。

在這冊《小詩磨坊》裡，博夫以「小詩磨坊」作繫連，將抽象的詩與具象的果實結合，令人眼睛一亮，更漂亮的是：詩的果實結在秋天裡，題目卻是《詩的春天》，增添玩味空間：

我有自已的夢
把詩寫在秋天的果實上
待果實落到小詩磨坊
削下的皮有我詩的芬芳
吃了的肉有我詩的甜蜜
吐出的核孕育我詩的春天

以這首詩來祝福十年有成的「小詩磨坊」，接近秋天的七月結的果，期待著未來日日是詩的春天。既有特殊性，又有普遍性，這就是詩的渲染力。

六、今石以故鄉為詩流的萬源之源

今石（辛華），祖籍山東，出生海南，現居泰國，曾與文友合著《湄南散文八家》

及多卷《小詩磨坊》，現為泰國華文作家協會會員，是當初《小詩磨坊》成立時的創會會員，不敢以「金石」自居，但以「今石」自勵。

在《小詩磨坊》泰華卷1中，今石發表了一首繫念故鄉的詩，以植物〈風蘭花〉為名：「你是一隻潔白的鴿子／站在春風綠色的頭頂／展翅欲飛往何方？／／往北飛？啊！真好！／請銜起我的心願和你的芬芳／一起交給那塊黃土地吧！」（秀威資訊公司，2010，頁161），詩後附言：「故鄉，您是我詩流之萬源之源；詩情之萬愛之愛。」正是世界華文作家的共同心聲。

根據東漢蔡邕《琴操》所記：孔子自衛反魯，見幽蘭獨茂曾讚嘆：「蘭當為王者香」。戰國屈原以香草美人比喻君子賢王，愛蘭、種蘭、詠蘭，從此詩人、畫家，無不歌詠蘭花高潔幽雅，希望能畫出蘭花的神清韻遠，父母以蘭為女兒命名，期望她能蘭心蕙質，傑出的作品以「蘭章」為喻，純真的友誼稱之為「蘭交」，聖賢高士過世嘆為「蘭摧玉折」，美好遠逝。今石選擇花語為「堅強勇敢」的「風蘭花」為名，象徵自己心中對家鄉的美好想望，探視黃土地的急切心意。

十年後，《小詩磨坊》泰華卷10中，他以〈柳樹〉為名，寫出自己與鄉物的繫連：「您啥時從馬頰河／遷到湄南河，服水土了？／／晚風中扒雞剛出鍋／我問候池邊一株柳／／我又改用泰語／您擺動細腰嘩嘩地笑」。這時，他從中國本土遷居泰國已近三十年，借用家鄉馬頰河常見的柳樹竟然也能在湄南河相見，寫出自己對家鄉（鄉人、鄉事、鄉物、鄉音）的繫念。

十年時間足以比較二詩的不同寫作思考點，〈風蘭花〉所繫者是北飛的家鄉思念；〈柳樹〉則是鄉物南移的異地重逢，人南遷，物亦南移？〈風蘭花〉單純寫風蘭花，即使以白鴿為喻，仍然是單純的繫掛；〈柳樹〉則雜入扒雞（即德州五香脫骨扒雞，經典魯菜，德州三寶之一）與泰語的矛盾處境，鄉物「扒雞」剛出鍋，不是鄉音的「泰語」也同時出口。〈風蘭花〉單純思鄉；〈柳樹〉則夾入水土順服的思索，問柳樹「服服或不服，華裔詩人內心永遠的糾葛。今石之問，大哉之問。

七、楊玲期待想像的巨手將她托上晴空

楊玲，一開始即參與《小詩磨坊》的組成、活動與寫作，號稱是八仙過海的唯一仙姑。祖籍廣東潮汕，現任職於泰國華文報業，泰國華文作家協會副秘書，《泰華文學》編委，曾與其父老羊合著文集《淡如水》、微型小說集《迎春花》，並參與多卷《小詩磨坊》之寫作與出版。

楊玲在《小詩磨坊》中的寫作，表現出傳統東方女性的特質，語言字斟句酌，情感發展四平八穩，有著典型的古典主義美，經過十年的磨練，現代主義的沖刷痕跡並不明顯，試看最新作品〈幻想曲——情思奔放〉：

不曾期望
不敢幻想
一雙巨手把我托起

素面朝天
萬里晴空
任我翱翔

詩後附語，她坦承：「我從來不敢奔放」。

寫詩應該任情思奔放，左右千萬里，上下千萬年，但她體認的「情思奔放」就是「幻想」，那就幻想吧！幻想自己在萬里晴空中翱翔吧！但她卻早在第一句、第二句就說，連這種最基本的，都「不曾期望」，「不敢幻想」。

但是，她真的沒有幻想嗎？「一雙巨手把我托起」，在晴空中翱翔——不就是一種幻想？這就是詩意所在啊！「素面」二字，則是女性特有的語彙，女性認為：化妝是一種禮貌，不化妝不好意思見人，但這首詩中，她用的是「素面朝天」，這又是社交場合的另一種突破，屬於楊玲的大膽的「情思奔放」、大膽的「幻想」。《文心雕龍．神思》：「古人云：『形在江海之上，心存魏闕之下。』神思之謂也。文之思也，其神遠矣。故寂然凝慮，思接千載；悄焉動容，視通萬里；吟詠之間，吐納珠玉之聲；眉睫之前，卷舒風雲之色；其思理之致乎！」劉勰是這樣大膽地鼓勵創作者思接千載，視通萬里，登山則情滿于山，觀海則意溢于海。楊玲，其實也已體會到這點，她敢於素面，敢於飛天，敢於翱翔，這就是她的「情思奔放」。她終究會體悟到「一雙巨手把我托起」的那雙巨手，其實是自己無所不在的想像，與生俱來的天賦。

八、苦覺的月光在紅樓與山寨間徘徊

相對於楊玲，苦覺（盧山雲）卻是一個縱情於藝術各個領域中，飛天入地，無所不可。苦覺，祖籍廣西南寧，為書法藝術家，所以，藝術上美術、書法、篆刻，文學上新詩、散文、評論，均所擅長。現為泰京山雲書畫院、聽雨草堂主人，《湄南河詩刊》編輯。

早期，苦覺寫〈復仇〉：「初一／夜把月亮吃了／尚未吃完就飽了／／十五／月亮把夜吃了／一點都不剩」（《小詩磨坊》泰華卷 2，頁 220）。月、夜、明、暗之間的消長，以對比式的句型，跳脫常人的思維，讓人會心一笑。甚至於還要回味一下，為什麼：夜把月亮吃了，尚未吃完就飽了？詩人不用回答，留給讀者無限的想像空間。

這樣以〈復仇〉為名的詩，臺灣讀者一向喜歡夏宇（黃慶綺，1956-）的名篇：〈甜蜜的復仇〉：「把你的影子撒點鹽／醃起來／風乾／／老的時候／下酒」，詩意象集中在「醃影子」這件事，所有的讀者要在這一意象上與「復仇」、「甜蜜的復仇」相繫連，詩人所留的線索，或許只有老的時候悠閒地以醃製過的「你的影子」「下酒」。因此，這首詩中，詩人如何復仇？為何是甜蜜的復仇？甜蜜何在？情義何在？都給讀者留下想像的空間，不同文化背景的人會有不同的解讀，似是而又不盡是，詩意由此孳生。

讀苦覺的〈復仇〉，讀者同樣思考：初一，夜吃月亮，為何尚未吃完就飽了？十五，月亮吃夜，怎麼能吃得一點都不剩？此事無關世界和平、無關國計民生，甚至於也與日常溫飽無涉，卻能激發人的想像，激發人上窮碧落下探黃泉去思索，讓心活躍。

十年後，苦覺的月光還在，在《小詩磨坊》泰華卷10她不吃夜了，她陪著苦覺、陪著你我〈夜讀紅樓夢〉，我們會讀出什麼？

走在曹雪芹的路上
有山寨的月光
有孤獨鐵觀音和我

寶玉把偷來的人間煙火
藏在我的湖

一隻木魚跳進水裡遊走

讀者要在曹雪芹與山寨間思考，要思考為什麼是觀音而不是烏龍茶、為什麼是鐵觀音而非黃觀音？讀者還要在寶玉與人間煙火中思考，要思考我的湖（什麼樣的湖）為何藏著寶玉偷來的人間煙火？而「一隻木魚跳進水裡遊走」又有什麼意涵？這是苦覺呈供給讀者的讀詩樂趣，讀者豈可疏忽！

九、莫凡

小詩磨坊最年輕的一位「資深成員」應屬莫凡（陳少東），莫凡最初在《小詩磨坊》上用的筆名是「藍焰」，祖籍廣東省潮南區隴田鎮。歷年來曾獲得各項徵文比賽散文獎、小說獎、詩歌獎，曾出版《小木船傳說》（2000）、《心塵集》（2010）。現任泰華作家協會副秘書、《泰華文學》編委。

得獎無數的莫凡，寫作文類亦廣，因此寫詩的觸角如瓜果類的卷鬚，向外伸展不遠又環繞迴轉，以最新的這一冊《小詩磨坊》十年版來檢視，前十二首所觸及的，有〈致千年銀杏〉的歌頌詩，〈象島之晨〉的旅遊詩，〈問蝶〉的情愛詩，〈鄉愁〉的飄泊心，〈致街頭藝人〉的道義心，〈理想〉的喟嘆心，還有〈雨後〉的現實感慨，〈星〉的童話追尋，〈縴夫之歌〉的歷史傷懷，〈新春寄語〉的年歲寄望，〈不老記憶〉的悼亡傷痛，〈深更時分〉的親恩感懷。一方面顯露青壯之年的莫凡血氣青壯，一方面也見證小詩雖小而寬度仍寬。或許像胡適〈讀書〉文中所說「為學當如金字塔，要能廣大要能高」，寬度已足的莫凡適合選定某一專題，發表自己的觀察所得。

《小詩磨坊》一年一冊的出版方式，一人二十二首的約定，或可讓莫凡思考：弱水三千，我只取一瓢，新的一年，那樣的一瓢呢？

就像〈雨後〉詩中所說：「雨塊散了，心神回歸故里／夜窗上的雨點是你眼角深噙著的淚滴／欲止又流的，該昇華抑還是該沉澱呢／那些寫滿笑與哭的往事？」莫凡不一定要在往事的「昇華」與「沉澱」中做一抉擇，卻需要在「如何昇華」與「如何沉澱」中深入探索。那遠方的吟唱，才會是你青春的綻放，而不是蟲蟲的夢囈了。

十、今日再磨劍，年年把示君

《小詩磨坊》泰華十年，這 7+1 位朋友有著始終不搖的毅力，我將我的觀察，以百倍於六行的文字書寫出來做為祝賀。

這一卷的年輕書寫者其實也有令人期待的詩與未來。

如晶瑩的〈網路時代〉：「一顆星刺破夜空／滑落到我懷裡／我因而得窺天上秘密

／／可我只堪緘默／因天宮秘密再無半語」，寫天上已因網路而透明，而問「天下」呢？透露出經世濟民之心，有著跨界的啟發與行動的理想。

如溫曉雲心中永遠充滿著幸福感，相信這種幸福感就是永恆的詩：「在一起時，你是一切／不在一起，一切是你」（〈你是一切〉），詩、茶、愛、幸福，成為她生命最美好的寫照，分享所有華文世界的朋友，祝福所有華文世界的朋友，令人隨之欣喜。

再如更年輕的澹澹，她的詩思往來於「夢裡的你是詩，夢外的詩是你」而優雅，也在「宇宙裡，我是一顆微塵；而相對愛，宇宙是微塵」的悟覺裡優雅，她的詩是澄明的，可期待的，能超越空花一般的紅塵之美，釀造水月一般清境的詩。

祝福《小詩磨坊》泰華詩卷的朋友：每一個今天都可以再磨劍，年年都能把示君。

2016 年 5 月間寫於彰化明道大學

林煥彰主編：《小詩磨坊》（泰華卷 10）
Thailand 留中大學出版社，2016 年 7 月
ISBN：978-616-7391-16-8

大江大河自有大江大河的奔向

明道大學於2015年九月開始舉辦以詩人席慕蓉為文學活動主軸的「濁水溪詩歌節」，召開「席慕蓉詩歌學術研討會」，出版《草原的迴聲——席慕蓉詩學論集》（萬卷樓，2015），論集主題涵蓋席慕蓉詩學研究的多重面向，貫串時空、詩畫、虛實、真假、感性理性、國族認同等，涉及的學術論述包含意象學、現象學、原型心理學、敘事學、生態學、讀者接受理論等，是華文漢語詩壇全面對席慕蓉及其詩作進行別開生面探究的第一本學術性論述，開啟學術界以學術觀點審視席慕蓉詩作的先聲。

《草原的迴聲——席慕蓉詩學論集》重要作品，包含李癸雲藉席慕蓉《以詩之名》討論寫詩的鍊金術，林淑貞以席慕蓉詩與畫論融攝與互襯，余境熹近年來所發展的誤讀美學在席慕蓉分行詩中作另類的閱讀驗證。另有四位大學教授不約而同分別探討席慕蓉詩作的時空呼應：洪淑苓論述席慕蓉的時間與抒情美學，羅文玲則以席慕蓉《我摺疊著我的愛》追索時空，陳靜容引離騷「時繽紛其變易兮」論席慕蓉詩作中的時間意識及其與〈離騷〉的對應，李翠瑛則進入席慕蓉詩中的夢、焦慮與追尋去看她的「夢的時空擺盪」，各出奇招，各見奇觀。年輕學者陳政彥觀察席慕蓉詩作敘事模式，見其轉變；李桂媚則以席慕蓉詩作的雨意象，讚其情絲不斷、情詩不斷；謝三進以裸山狐望為題，轉向探索一般人忽略的席慕蓉的生態詩。大凡席慕蓉詩的各個面向，都有所觸及，標舉了席慕蓉詩研究的寬度與高度。

但明道大學年輕的詩學研究者認為歷年來尚有許多論述席慕蓉的專文，散佚各處，卻極具參考價值，2015 年當日明道「席慕蓉詩歌學術研討會」上也有兩篇論文未能及時納入，因而興起續編《席慕蓉詩學論集 II》的建議，原則上排除收錄在圓神出版的席慕蓉詩文專集中的序跋、評述，依序收入楊宗翰的「席慕蓉現象」，汪其楣所探索的席慕蓉與瓦歷斯．諾幹的〈邊緣光影〉與〈想念族人〉；多年來關注席慕蓉詩發展的三位《臺灣詩學》季刊社學者，李癸雲所論席慕蓉詩中花的意象使用，陳政彥所析「席慕蓉現象論爭」，李翠瑛所解席慕蓉詩中的歷史圖象，盡皆備妥。其次尚有年輕學者蔡明諺以臺海兩岸席慕蓉和舒婷詩作為例所設計的現代詩教學與詮釋，陳義芝與蕭蕭新論：〈席慕蓉為何敘事？〉、〈席慕蓉的「詩」字與神秘詩學〉，亦有可觀。最後納入甚具啟發性的詩話、側寫：張默的感覺與夢想齊飛，孟樊的臺灣大眾詩學，吳當所悅聽的平易與深沈的旋律，向陽所側寫的席慕蓉與草原月光。二書合觀，席慕蓉其人其詩的相關論述，於焉大備，後之論述者由此出發，必有康莊大道呈現眼前。

席慕蓉曾寫作歌詩〈父親的草原母親的河〉（烏蘭托嘎作曲及編曲），歌詞有云：「父親曾經形容草原的清香；讓他在天涯海角也從不能相忘。母親總愛描摹那大河浩蕩；奔流在蒙古高原我遙遠的家鄉。」草原與大河是她生命裡的父與母，是她詩中容許她放縱的空間，因此這兩部詩學論集分別以《草原的迴聲》、《江河的奔向》命名，呼應席慕蓉的蒙古大名，也呼應她日夜繫念的父母家鄉。第一集《草原》選「迴聲」不選「回聲」，因為她的詩是新時代的創作，不是蒙古歌謠的應聲器，早已在廣大的漢語、蒙語詩歌界迴繞不絕；第二集《江河》選「奔向」不選「流向」，「奔向」的自主性大於「流向」，從詩中、論中，我們都可以見識到席慕蓉很清楚自己該在的位置，她不隨江河而流，奔馳出新詩史上屬於她的大江大河。值得後之學者繼續審視。

2016年詩人節前夕寫於明道大學開悟大樓

陳靜容、羅文玲、蕭蕭主編：《江河的奔向：席慕蓉詩學論集Ⅱ》
萬卷樓圖書公司，2016年7月1日
ISBN13：9789864780013

隱藏著愛與美麗的白光谷

如何敘說一個名叫「Momo」、或者寫成「默默」的女孩呢？

二三十年的歲月，我只見過她一次面。

其實，一次面會，算多了，比起李白。

比起李白，我讀她的詩，首數也勝過李白，全唐詩中李白有九百多首詩，我讀不到十分之一。

我讀她的詩，首數勝過李白，次數也勝過李白。每天要入睡了，我摩娑臉書，就會剛巧碰上她剛鋪的詩，有時一首，有時兩首，我總是點進去細細體會。啊！想起來了，為什麼她的詩集會命名為《零點下的星空》，原來都是零點時分完成的作品，星空下的產物。

零點時分，陽光偃旗息兵了，燈光縮了滅了，她的詩卻像星一般燦著亮著。

只是像星一般燦亮嗎？

她的詩集叫《零點下的星空》，她是星空哩！繁星點點。

繁星點點，所以不屬人間。

不屬人間，也不屬白天。

這次的詩集叫《白光谷》，應該也不屬白天，因為白光是一束一束的算，白天的光是一片片的掀，一片片的翻。

《白光谷》，應該也不屬於人間，聽默默說說〈白色的故事〉吧！「很久很久以前／大自然施了魔法／白光谷／蘊藏了一個女孩／／白光的早晨／她／在光芒下優雅

／在樂句裡榮耀／內心充滿平靜／美麗受到了眷顧／／白光的擁抱／讓她／在光雪中吟唱／在光雨中漫舞／笑容充滿希望／身影散播著喜悅／見過她的人／就像遇到了幸福／／很久很久以前／大自然施了魔法／白光谷／白光下／一個白色的愛情／流傳著她對他的故事」。那是白雪一樣的光，白雨一樣的光，優雅、榮耀、平靜、美麗，受到了神、人的眷顧；那是可以擁抱、可以吟唱、可以漫舞的空間，那是充滿希望、充滿喜悅、充滿幸福的白光谷；這時，你只會想到浪漫的李白，不會想到渴望浪漫的杜甫；這時，你只會想到李白的仙，不會想到杜甫的苦。

《白光谷》，不屬於人間，只屬於幸福。

《白光谷》是默默的詩，所以默默的詩不屬於人間，只屬於幸福。

幸福的默默的詩之所以幸福，是因為她的詩的最初面貌是歌。

默默的詩的最初面貌所以跟歌相近，是因為她來往濡染的對象都是歌壇中人，熠熠閃亮的巨星，或者為人世間捕捉夢影、美聲的心靈震撼家、作詞作曲者。以《白光谷》

為例，第一首詩〈隱藏的美麗〉，前四節都是相同的句型滾動而過：

白雲之所以美麗／是因一生虛無飄渺的旅行。
星星之所以美麗／是因有片看不見的星空。
沙漠之所以美麗／是因有座隱藏的綠洲。
海洋之所以美麗／是因涵容著無垠的蒼穹。

排比型的相等句式，類近的故事情節，都是歌詞作者最擅長的動人手法，默默最後以「白雲、星星、沙漠、海洋／美在　隱藏的存在」做一綜合型的結語，這其中隱藏著愛與美麗，具現著默默縱放式的想像卻能收束於理性的歸納，古典主義的制約。

默默那縱放式的想像，來自於上天的賦予，似乎不受臺灣現代詩壇香火的薰染、也不受香水的洗禮，尋不著這些意象的昨日軌跡，甚至於回到臉書友人的追蹤器，也難以覓得詩壇的濡沫。

白雲、星星、沙漠、海洋，這些跳脫的意象，跳 Tone 的旋律，隨心隨意隨手擷取。每日一詩，彷彿萬象自動列隊等候她的遴選。

萬象自動列隊等候她的遴選，最早是歌的旋律協助她找到恰當的位置，《白光谷》最新的一首詩〈有一種愛〉，卻看見她早已拋離排比型的旋律，呈現參差、散行的言語。

〈有一種愛〉雖然仍在某種自訂的秩序中揮灑自己，但她將這首詩分為四節，首尾兩節相互呼應，中間兩節各自唱和，這兩種款式顯現出不一樣的風格。首節表達「愛」一步一步在消蝕，卻也在回憶裡沈澱；同樣的模式卻在末節裡敘說：「愛」一步一步在累積，卻在幻想裡成為完美。這樣溫厚的哲理體悟，是逐日在繁瑣的會計、單調的數字群中廝磨的默默所寫出來的嗎？或者真是在制式的模子裡，我們才有突破的想望？

中間相互對應的兩節，前節將我們的空間設計在原野中，後節則設想我們的世界是一個「魔咒」，如此兩不相涉的兩個世界，遠非時代歌曲的節奏，而是現代詩的突兀驚喜。時間設計也讓人讚嘆，前節是小女孩式的浪漫：「在你走過的路畫一個個圈／在天還沒黑之前」，或許還有歌謠的輕快，後節即刻成熟為女性的癡情、小小的撒嬌式的咒語：「在你身邊陪你撿回你的靈魂／在還沒找到愛之前」，這是現代詩心理狀態的挖掘，靈魂的驚奇冒險。

就像這樣，默默的新詩冒險，是從歌的重複旋律之中探頭，是從小女孩式的無憂喜樂中跨步，她勇於在「魔咒」的世界，以詩以愛陪你撿回你的靈魂。

不是月光，不是陽光，是白光，錯過李白的你的靈魂要在默默的白光谷中召喚回來。

2016年芒種前　寫於明道大學鰲澤湖畔

默默momo：《白光谷：守護幸福的世界》
默默，2016年8月1日
ISBN13：9789869334501

夜有岸・思無邊

對張台瓊的認識，來自於她參賽時的這部作品《夜的岸邊》，後來慢慢去搜尋相關的資訊，逐漸有了一些印象。

張台瓊，1973 年生，員林市人，淡江大學英文系博士，現任教於新北市聖約翰大學應用英語系，喜歡畫畫與寫詩。曾以〈走進塔比多〉榮獲 2014 年教育部文藝創作獎教師組詩詞類優選，作品常發表於《秋水》、《創世紀》、《笠》、《台灣現代詩》等詩刊，《夜的岸邊》集結她 2012-2015 年的作品，她自言《夜的岸邊》是個人生命意義的思索紀錄，企圖誘發「社會我」與內心深處的「內在我」，在文字的隱喻空間裡作戰、宣示、對話與療癒。我個人喜歡這種自覺性生命省察的作品，不喜歡現代詩仍停留在個人私我情緒的青春期宣洩，或者是自我意識張揚的爭鬥型叛逆期作品，很多上了年紀的詩人仍然在寫這樣的詩，年紀剛剛越過不惑的張台瓊卻已在自性、本性、社會性中思辨。所以，我將這部作品推薦為優先出版的前二名，果然其他評審委員也有類近的看法，將出版機會交給了出生員林的新星，期許她可以像出身員林東山的前輩詩人曹開（1929-1997）在「數」與「詩」中悟得許多人生哲理，或者像最近出版《詩歌》的王宗仁在「歌」與「詩」中擷取美好的詩的意象。

後來我在她的臉書上閱讀到她的〈詩觀〉與自傳詩，覺得頗有參考價值，值得讓鄉親、讀者藉此更進一步認識她，她的〈詩觀〉這樣說：「生命如一艘無端漂泊的小船，隨命運的長河浮沉。自勉生命的態度能是細讀、記憶以尋找生命的解方、歸途；能是熱烈、不畏風雨與歷險，掙脫存在的框架、限制，以開創詩與美的種種可能。」（2016/6/20上網）這正是我初讀《夜的岸邊》所理解的張台瓊的生命意志，那是感性的、無奈的生命漂泊感，卻隱藏著尋找生命解方的沉靜之心，試圖掙脫存在框架，燃燒起開創詩與美的活旺之火。

她的自傳詩定名為〈小船〉，收集在《夜的岸邊》輯四第一首，Coble是作者的英文名，原意是英國東北方河域的小漁船。

小船

因為是一艘小船
在近海的河口
飄移　成為意義

你無聲晃動著
像細讀日復一日的浪
追索波光浮沈的軌跡
與天邊映照的雲雨

你熱烈地，試圖拼湊靠岸的歸途
記下歐戰、加農砲與紅十字會
記下軍律的小島、第三世界
飄盪的流言、搖滾
與一切，詩的可能

你無聲晃動著
隨潮流的溫暖與轉寒
像臨摹存在的目光下
破碎而委瑣的身形

你熱烈地，試圖標記所有臨風的歷險
寫下康丁斯基、惠特曼
與革命的巴黎

然後幽幽望向
文明邪惡而美麗的鮮紅
與一切，掙脫的可能

啊！因為是一艘小船
在近海的河口
飄移　成為美麗

張台瓊自注：「記下歐戰、加農砲與紅十字會」這句詩，擷自瘂弦 1964 年詩作〈如歌的行板〉當中對人類歷史及生命意義思考的反諷詩句：「君非海明威此一起碼認識之必要／歐戰、雨、加農砲、天氣與紅十字會之必要。」

這首自傳詩，不在敘說張台瓊的生之歷程的「傳」，卻是述說張台瓊內在生命決志的「述志」詩，她樂觀地將「飄移」視為生命的本然意義，進而轉化「飄移」為一種生命的必然美麗。這首自傳詩正是整本《夜的岸邊》的重要註腳，「夜」是「思」的另一個暗示義，「岸」則呼應著水與船，《夜的岸邊》是張台瓊生命沉思的美麗實錄。

員林張家聚居在八卦山腳百果山附近，張台瓊的小船卻已「飄移」到「康丁斯基、惠特曼 與革命的巴黎」！

張台瓊的「台」是我們熟知的「台澎金馬」，張台瓊的「瓊」所隱喻的美好卻已是「張台瓊們」思想的「遠方」了！

夜有岸，思無邊，現代詩思正由年輕的一代努力墾拓中。

2016 年夏至後　寫於明道大學人文大樹下

張台瓊：《夜的岸邊》
彰化縣文化局，2016 年 10 月
ISBN：978-986-04-9746-5

三越乃嘉——我認識的葉乃嘉教授

認識葉乃嘉教授時，他是資訊管理系的助理教授，那一年我們敦請台灣師範大學新文學翹楚楊昌年教授來明道專題演講，他自稱是楊老師的學生，全程陪同，演講後繼續請教，侃侃而言，讓我印象深刻。後來他轉任通識教育中心，我也在中心工作，最近他到課程所、英語系、中文系任職，都是我所屬的人文學院，屢屢見他提出專案計畫申請，臚列許多論文成就，更讓我驚訝。

我去到他的《個人知識站》，發現他對教育的高見：「學校教育不僅僅是向學生傳播知識，更要引導學生發掘自己腦中的無形資產，增強認識的廣度，讓學生充分發揮自己的想像力，用不同的方式思考，因此，他以身作則，多方涉獵，希望大家能夠相信，只要在本專業以外，多接觸文化、藝術、社會學和大眾科學方面的知識，學數理的人也能兼通心理，唸科學的人也能夠具有文藝氣息，以人文社會起家的人也能跨足自然理工。」深得我心，所以決定以〈三越乃嘉——我認識的葉乃嘉教授〉的跨界角度來介紹他的人、他的書，他的正是他生命中穿越、跨越、超越的智慧果實。

在明道的這十多年，他出版了十多本專書，充滿了教育的熱忱，引導學生走上研究的正途：《英文 E-mail 寫作溝通的第一本書》、《研究寫作的第一本書——如何寫作教育、人文與社會科學的論文》、《個人知識管理的第一本書》、《質性研究寫作的第一本書》等等，都顯現他教育的專業與跨界的能耐。此外，他還潛入大腦、意識、心靈的研究：《意識、時空與心靈》、《心．靈與意識——新時代的生命教育》，將神祕學與科學做了某種程度的連結，這是深入其中的穿越，出乎其外的跨越，匯聚學術與經驗的智慧結晶，至於「超越」，那就不是文字、書籍所能表述，必須見諸於行事的瀟灑，處事的俐落。

葉老師畢業於國立台灣師範大學物理學系，留學美國，是美國 University of Texas at Dallas 環境科學與管理學博士，專攻知識管理、管理資訊系統、教學科技與媒體創作、能源管理、英文學術論文寫作，術業有其專攻之一方，知識又能廣博及於眾方，這正是他所說的「不以一成不變的方式工作，甚至不以一成不變的方式過日子」所達致。他以物理學專業為基礎，擴及於知識管理系統、藝文心靈探索，遊走於科學、管理、資訊、意識之間，令人嘆服，如前幾年國科會計畫——「橢圓曲面式 Fresnel

透鏡折光模式與其集光區之色光分析」研究成果，榮獲「能源與燃料類」頂級期刊 SOLMAT 及 RSER 刊登，受到國際學術界肯定，就不是我所能了解，不是我所能跨越的區塊。但是這種「學習不設限，成就不受限」的學養抱負，卻是我等所要效法學習的。

中文系的課程都在「究天人之際，通古今之變，成一家之言」（司馬遷言），懸著高遠的目標，往往未能度之以金針，授人以舟楫，很少及於方法之學，即使是「治學方法」的課程，往往難能跟上西洋學術倫理與規範，尤其是現代的學術論文，必須引用西方文學理論、美學觀點，知識論、現象論，甚至於引述原文，傳統的研究方法與寫作系統，難以應付這些需求。葉教授這本書，應用西洋方法學、論文規範，從論文資料管理談起，落實於文字經營，掌握論文的特殊準則，依序討論論文篇前、主體、篇後，甚至於校對、電腦格式，都以實例分析、檢討，中文、英文範例並陳，對於追求國際化的論文寫作，極具示範與引導功能，頗有啟發、拓展作用。

對於研究所新生，對於初次嘗試研究計畫寫作與申請的講師、助理教授，應該從這本書踏上研究正途，至於學術專業的充實，其實一樣能從「穿越、跨越、超越」事物現象與本體、葉教授的為學歷程中獲得啟發，若是，這本書就不只是方法論的指引而已。

2016 年大暑之日　寫於明道大學

葉乃嘉：《論文寫作的第一本書——中英論文及研究計畫綱要與體例》

五南圖書出版公司，2016 年 9 月

ISBN：978-957-11-8690-0

螺旋型的詩路・螺旋型的詩想——初讀劉曉頤《春天人質》

詩的語言是一種螺旋式的語言（spiral language），從不奢談捷運式一路直達的表現方式。

一般認為西方的語言趨近於直達式的單刀直入、開門見山、一針見血，適合用在科學的精確表達、法律的精準刻度，相對於此，東方式的語言則屬於螺旋式的語言，委婉曲折，含蓄而綽有餘裕，貼合詩意要求。

當然，這種東西二分法的截裁式判斷，不一定合宜，但就大多數的詩歌表達而言，不論東方或西方詩作，詩的語言大多採用螺旋式的語言，或許能為大家所認可。就以我正在閱讀的劉曉頤《春天人質》為例，詩人說：「春天未到／人們預先成為彼此手腕內側／流質的滴淚型胎記」（劉曉頤〈春天人質〉），暗示著人類共同期望東風拂身、春意降臨，但當春天未到時，不免有著焦急、欲淚的感覺，這種感覺還是先天的、與生俱來的，如胎記附著於肉身表層，但卻又隱晦不清明，藏躲於手腕內側。這種想要卻未能得償的春意（或者說詩意），不就是靠著這種螺旋式的語言，緩緩旋進。

青少年的教材中有一種螺旋式課程（spiral curriculum），是指著教材的設計，由具體而抽象，從簡單趨向複雜，由肢體、實作漸漸傾向符號表徵，以眾多殊相歸納出共相，累進式的學習，漸進式的循序加深加廣，其實就是一種正確的學習方式。將這種觀念帶進詩歌的寫作：「你是趨光的窗扉／予我以強壯傾訴的能力／百感交集的晚櫻草，困窘中美麗」／／「你是我流離的語境／微弱的光足夠我們／相信，漆黑中，深切擁抱的可能」（劉曉頤〈握住灰燼〉），以這兩段詩加以比較，實存的「晚櫻草」與抽象的「流離的語境」，相互激盪，得出「餘溫」的幸福感。晚櫻草又名月見草，學名：Evening Primros，屬柳葉菜科，從其得名可以知道這是一種夜晚見月時特別美麗的植物，但詩中的我在窗扉之內，難得見光，所幸你是趨光的窗扉，給予我趨近、傾訴的能量，晚櫻草的我終能在困窘中美麗。「流離的語境」是「光」的不穩定徵象，但即使微弱、不穩定，卻能讓我們相信：深切擁抱的可能。如此，回頭再去細細品味前面幾段「玻璃瓶中的黃昏」、「側臉抹過火焰」、「夜的火盆」、

「滿蘊故事的蜂巢」等意象的呼應，就容易得出「握住灰燼」的「餘溫幸福感」。

生活常識認知中，釘子（nail）與螺絲（screw）的觀察，其實也可以很準確地移轉為詩觀的思考。

在漢字系統裡，「釘」的原貌就是「丁」字，甲骨文、金文、小篆所顯示的字形，都在告訴我們，這是一個典型的象形字，它的材質可能是黏土、木材、竹子或骨頭、石頭，慢慢發展出鐵或鋼，所以選用了「金」為部首。釘子的發明應該是先民觀察大自然中植物的尖刺而獲得的靈感，尖針的結構所期望的是尖頭越尖，扎入的可能性越高，其後的尖身越粗才能有更高的負荷力，這種矛盾，反方向的作用力，就是釘子之所以為釘子的存在價值。這一點，基本上就已啟發詩人的選材與詩路的思考。

釘子要成為一隻有用的釘子，必須依賴一顆石頭，後來發展為榔頭、鐵鎚等外來力量的捶打。漢字的「丁」，英文的「T」，第一橫所在的位置就是接受捶擊的所在，好像一個「盾」牌，面度要廣，接受打擊的忍耐力要大；豎畫最下方的尖端就是攻擊外物、侵入外物，藉此產生力量的點，最像尖銳的「矛」。所以釘子本身就是一個既「矛」且「盾」的組合，藉由外在的力量，通過本身的痛苦，加諸於他人、他物一種永遠的刺擊。但外在的力量是剎那的撞擊，他人、他物所受的刺擊卻是永遠的存在。

釘子的使用過程，人類發現：捶打釘子的力量越大，釘子越能深入，但相對的，釘子搖晃出的孔洞也越大，釘子其實更容易鬆脫，如何解決這個問題，人類的文創頭腦發明了螺絲（螺絲釘、螺釘），仍然維持釘子的圓柱體造型，卻在圓柱形的表面刻上凹凸分明的螺紋，而且以「S」型的傾斜面挺進。螺絲的頂部會有一字型、十字型或方形的溝紋，「螺絲起子」嵌進溝紋中旋轉，可以省力而有效的推進螺絲，不必像釘子那樣以蠻力催進，如此形成的固著力、負荷力，大大勝過釘子。有趣的是，以「螺絲起子」正向推進，可以使鬆脫的螺絲重新嵌緊，回復或增強螺絲的功能；如果反向倒退，可以移除螺絲，重新選擇更恰當的地方。這種修復錯誤的作用遠遠勝過釘子，釘子在捶打的過程刺痛了他物、扭曲了自己，即使退回原位，很少能繼續使用。詩人有見於此，委婉曲折的表現方式，當然成為主流。

劉曉頤的《春天人質》處處以螺旋型的螺絲為師，緩緩旋進。譬如寫摯友對她的照顧、犧牲，往往讓她感念、不捨，〈你犧牲使我失眠〉這樣直白的題目，她的首段也直接寫我的失眠、你的犧牲，卻曲折有味：

更漏，聽見沉吟
肋骨第二節降調的
微小和聲
是你緘默為我
把手探進夜的炭盆和碎玻璃
比虛度的真實更熾灼的夢

前三行的更漏與肋骨和聲，正是失眠的寫照，後三行的「你的犧牲」則以手「探進夜的炭盆和碎玻璃」的意象去顯現。其後的第二段更以大篇幅去寫「你的犧牲」：一切為我所做的你的捨棄。末段則以呼應首段的方式，寫犧牲的持續，失眠的持續，令人身有所感，心有所動：

只是不意
犧牲的姿勢如初衷，一側身
就延下滑的圓月
滴入我最疲渴那日
瀕危的夢境

關於「螺絲」，詩人可能還注意到，螺絲頂部除了一字型、十字型等溝紋，可以讓「螺絲起子」使力之外，工匠還可能直接將螺絲頂部製成六角形，方便用「扳手」去轉動螺絲，轉動容易，可使之力卻更為強大。相反的，有些螺絲釘的頂部是完全剪除的，可以讓螺絲全面沒入物件中，不被發覺，卻依然有著固著、鎖緊的作用。這些附著於「螺絲」的小小創意，詩人也會有所覺察，有所覺悟：

我是你細緻無缺的青色靜脈
尚未也小心別流出的，那滴
溫熱的血。

——雖然流出來也沒有關係
甚至還很好
（〈流血也很好〉末二段）

關於「釘子」，詩人不喜歡那種聲嘶力竭室的吶喊，不喜歡那種刻意的直接的捶打，但如果減少它的體積，小於鐵杵，更容易磨成繡花針，那時，釘子不再是釘子，它成為「針」，「針」的另一端穿個小孔，穿著細線，這時「她」（從中性變為陰性）服務的對象是布料、是皮膚，是穿針引線後的縫合。從植物的「刺」的發現，到人工的「釘」、「針」的改良與發明，錘擊與縫合，都加上了想像與創意，原理原相近，而作用之利更加擴充。所以，有些詩人從尚未迴轉的螺絲釘前，有可能先看到「針」，至少，劉曉頤有這樣的詩篇：

你用一根細紘
承接所有哀傷
再把自己

全身沉浸在一滴
靈魂般巨大的淺藍色眼淚裡
隔著玻璃，看我

（〈你如此懂得了我〉全首）

其實，關於「螺旋型」我最想說的，原來就不是實物，我想說的是一百年的新詩發展史，不就是螺旋式的進程？浪漫主義在五四時代有徐志摩（1897-1931），二十世紀末期還有胡品清（1921-2006），仔細看劉曉頤的〈浮念〉、〈小小孩〉、〈玫瑰羹〉，是不是還瀰漫著浪漫的氣息？現代主義橫掃臺灣日制時代以降的所有大小詩社，無一倖免，她在羅青（1948-）振臂高呼後現代狀況來了，消失了嗎？在《春天人質》裡，我們隨時會遇到〈魔術寫字〉：「所有的字張開毛細孔╱長成蜂鳥╱疾振翅膀，倒退飛翔╱你穿越我的字」這樣的詩句。甚至於學術界不再討論的後現代主義，不是輪番以話語的方式呈現在《春天人質》各輯的詩題上：〈終於秘密的外國語〉、〈沙鷗到手臂上睡〉、〈我們的絕望摩擦生熱〉、〈只不過都甘願了〉。百年來的臺灣新詩發展走的是螺旋型的詩路，不知道哪個轉角又會出現簡易意象，哪個斜坡上又藏著充滿奧義的象徵，哪個候車亭裡又有浪漫的擁抱？劉曉頤的詩集就像詩路一般，充滿著屬於她自己的螺旋型的詩想，轉彎消失，轉彎又起，時而左旋，時而右轉，不會一徑兒浪漫，也不會長久陷在超現實的泥淖裡。

劉曉頤曾經在大學的課堂裡修過我一年的現代詩課程，近年來遇到她總是一副病懨懨的樣子，還寫出一輯〈溫柔的病史〉。她的詩，屬性溫暖而潮濕，她的人，不識鐵釘與螺絲，當然也不一定認識到詩路的螺旋型發展，但我卻從鐵釘與螺絲的螺旋型紋路去追尋她，期望更多的人因而發現她與當代詩人所存在的異質性，關於詩的異質性。

2016年大暑之日　完稿於台北市

劉曉頤：《春天人質》
秀威資訊科技股份有限公司，2016年9月19日
ISBN13：9789863263869

鏡像與鏡理——向楊子潤的《來時路》敬禮

一、從兩面鏡子說起

老友楊子潤（楊孟煌，1953-）要出版他的第三本詩集《來時路》（1981-2014），此書寫作時間橫跨兩個世紀、三十三個年頭。詩集的編輯脈絡清楚，卷上／道情（1981-1989），卷中／留白（1990-2001），卷下／花芳（2002-2014），卷中所謂「留白」是真的全然空白，書頁無詩，如此清楚交代自己的寫作歷程，真如他的〈自序〉所說：「回憶是慘酷的。」

回憶既然是慘酷的，詩人卻又不免於陷入殘酷的回憶，這是現實的真實嗎？

實則，楊子潤有許多光彩的紀錄，1979 年獲國軍新文藝長詩銅像獎，1982 年獲全國優秀青年詩人獎，出版詩集《劍塵詩抄》（嘉義：興國出版社，1977）《秋興：劍塵詩抄二卷》（北港：風燈詩社，1981），這兩部詩集出版相距四年，第二與第三部詩集則相差三十五年（《來時路》2016出版），所以，根據這些數字，要想研究楊子澗，其實可以用兩面鏡子相互映照，對映出他的真實。

其一，有詩之年（1972-1989，2002-20**）與無詩之年（1990-2001），這是兩面鏡子。楊子澗是一個每首詩都盡量記錄發表報刊與日期的人，對詩珍愛如此，那不寫詩的時候是怎樣輝煌他的生命？是因為戮力於以詩心教人雕龍、教人寫作而無詩嗎？

其二，《劍塵詩抄》、《秋興：劍塵詩抄二卷》與《來時路・道情》是寫作時間相連續的作品，可以稱之為楊子澗的揮劍揚塵時期，這是一面鏡子。相對於此的是《來時路・花芳》（2002-2014）、臉書作品（2014之後，持續中），收劍望塵時期，這是另一面鏡子。拔劍入紅塵的漢子與收劍覷紅塵自稱的初老者，兩面鏡子會照出甚麼樣的楊子澗？

其三，多少年來，人以「劍塵」為號，詩以「秋興」為集名、以「道情」為卷名，一直被視為典型中文系代表的楊子澗，「台灣文學網」也稱言「其詩溶入古典詩詞的風味」，「他的作品中常可感受到一股空靈意趣與樸實的田園風味」（http://tln.nmtl.gov.tw/ch/m2/nmtl_w1_m2_c_2.aspx?person_number=M06005）。最近卻大量寫作台語詩，部分作品收入《來時路・花芳》中，花芳是華語「花香」的台語書寫。若是，華語與台語，也形成兩面鏡子的態勢，雖未均衡，但落地長鏡與一方小鏡卻也有可觀、可比的地方，楊子澗如何駕馭他的學用語與母語，值得分析。

其四，風燈期與風燈後，會有大不同嗎？

問題都很小，回答起來可能都會是一篇碩論，留給青年學者吧！作為一篇序言，我只要進入這本詩集，取得先讀為快的樂趣所在，分享大家，也就不負所望了。

二、物鏡與心鏡／鏡像與鏡理

或許還是順著兩面鏡子的說法來看他的新作吧！

號稱三卷的《來時路》，除卻卷中的留白」，其實正是卷上的「道情」與卷下「花芳」

的對映，是風燈期與風燈後的對映。但是在這一節裡，我想從另一種「兩面鏡子」的觀念來談《來時路》，那就是楊子潤所擁有的「物鏡與心鏡」，以及他所享有的「鏡像與鏡理」。

閱讀《來時路》，或者說閱讀楊子潤，要從《來時路》裡的這四首詩開始：〈香格里拉〉、〈師說〉、〈我們氏族的圖騰〉、〈笨港小唱〉。

這四首詩都是篇幅稍長的敘事詩，但抒情的本質卻深濃引人。

〈香格里拉〉寫作於1981年7月，刊登於《創世紀》57期，是《來時路》的第一首詩，是青春年少的綺麗夢想，是初出社會的浪漫衝撞，詩中虛擬一個身分多變的「你」作為對白的客體，一個情意抒發的出口，抒情與敘事雜揉，事情脈絡單純，文字婉約而多情，這樣的題材成為楊子潤詩作的重要類型。

〈師說〉榮獲1982年國軍文藝金像獎佳作，與〈香格里拉〉相近，依然是情意與事義同線進行，以相處三年的導師身分，就自己對補校學生與社會的觀察，寫出二者交糅、互動後的感慨。這兩首都有社會寫實的那一份真，都有師生、親人（情人）互動的那一份深意，也都設計出「你」與「我」的答問型態，本事隱約，關懷深切。當然，這兩首詩的共同特色，也都在於物鏡的回映，其實也是心鏡的裸裎，毫不扭捏，也毫不晦澀。

例如〈師說〉的第四則〈唯有風和雨才能敞開我們枝葉的凌空〉，風雨、枝葉是物鏡的投射效果，敞開、凌空是心鏡的回映，二者交相疊映，相互幫襯，心與物就有了水乳交融的新境：

唯有風和雨才能敞開
我們枝葉的凌空，唯有
風和雨的洗滌才能分辨
河的濁與清　山的峻與傾。
不必拒絕一切的考驗！讓

小樹經由風雨長成喬木。

即使隱晦一點，夾在兩人對話之間的敘事語，如「校園裏的夜蟬／告訴我你很急切」，不也是物鏡與心鏡交相對映的光影？夜蟬叫聲急切，是師生對話的背景，是物鏡；夜蟬叫聲急切，隨手拈來卻也成為學生內心的渴求，同時成為另一面心鏡。原詩如下，上一個引號是老師的寬解，寬解未完，學生又急於探詢另一個疑難：

「可以測知蟬何以在盛夏高歌
花何以在蜂蝶的觸鬚下結籽
熟知季節的風向和雨量的
多寡。」「老師！」校園裏的夜蟬
告訴我你很急切；「那麼，我們
又如何襯映景色的濃淡、如何才能
使時間流暢而不止滯？」

〈我們氏族的圖騰〉（1983）與〈笨港小唱〉（1987），素描楊子潤的故鄉北港，在「地誌詩」尚未揚名的年代，楊子潤已寫出如此精采的作品，但不同於當時流行的社會寫實派的急切呼聲，另有一股溫婉的愛竄流其間，人與物之間，人與土地之間。特別是〈我們氏族的圖騰〉，副題〈記北港牛墟〉，以牛的角度「張望一個溫情的世代重新回來」，我們看見楊子潤擅長的物鏡與心鏡，自然的疊合與輝映。

雨量貧瘠的海濱；天未明
我們赤足走回猶有霜凍的大地
親近葉端露珠飽熟的禾苗
讓水氣湮沒裸裎的腳踝
讓白鷺鷥在你我背上休憩啄食
如此，陽光也就肆無忌憚地開落
開落在遠方背海的小沙崙
參差的木麻黃以及
所有不同的

這一節的海濱清晨之美，正是從牛的和善之愛而映現。或者說，前面八行的物鏡，只是為了映現牛的和善，心之鏡所顯映的美。

這四首詩之所以重要，因為其他的詩作幾乎都是從這三個面向開展出去的縮影，對人與情的浪漫想像，對物的珍惜，對地的眷戀，楊子澗的詩不論事之或短或長，無不緊緊繫著濃濃的情，那是有心照映著百物萬象的純淨之鏡，立即而明確地顯映。

據此楊子澗所擁有的「物鏡與心鏡」，我們更可以繼續欣賞他所享有的「鏡像與鏡理」，「鏡像與鏡理」的說詞或許適合他年歲稍長之後的作品，二十一世紀來臨、楊子澗不惑之後、《來時路・花芳》裡的作品。這時候的作品，楊子澗之所以捕捉某一物像，無非是為了攫取某一事理，讀者但見其像，不能一眼而識其理，並且，仍要透過折射之後的鏡像去思索，不是直接裎露物的原始本貌。

先看人的觀察，〈公園裡的流浪漢〉（2014）：

夜深了　黝暗了　感傷了
暴雨隨著寒雨而斜打落地
瘋狂而恣意　睥睨且不屑
絲毫沒有停止的意思
公園內僅剩噬人的死寂

路燈低頭不語
光　被陣雨渲染模糊了
石椅上　一個人背對馬路
穿了一件黃色的輕便雨衣
雨衣殘破不堪　影子也
碎裂成了幾塊　丟棄在
被大雨淋濕的心版上

（下吧下大一點吧　把我淹沒
明早　就不必再醒來……）

前面兩段將流浪漢置放在雨夜中，寫物像的搖晃、破碎，最後的括弧句，卻成為主觀的隱身投入，主觀的錯身旁白，悲憫之意也就更能沿著搖落之像滲入讀者心中。

人，如此，樹，亦然。楊子澗常用組詩形態，藉不同的鏡像，聚焦同一事理，〈台灣的樹〉五首，任取一首都可以見識那種「樹猶如此，人何以堪」的不堪，以第一首〈木麻黃〉為例：

他們不適於妝扮庭園，沒有可供
雕鏤的身軀，沒有澄透寫意的
葉，也沒有浪漫抒情的花蕊。

粗鄙的枝椏只用來升火
暗沉的針葉只剩俗氣，黝黑的
種籽，打轉了童年貧瘠的陀螺

最後，連雪花般鹽化的土地
也不被海風容許
驚見一具具撕裂腰斬的殘骸

兀自面向陸沉的台灣

鏡像是木麻黃的身世遭遇，鏡理卻是逐漸陸沉的台灣，「陸沉」二字，何等沉重，是台灣西海岸逐漸陸沉的濱海土地，也是台灣逐漸淪喪的人格道德，撕裂、腰斬……什麼樣的命運就要在眼前逼臨，迫近！

鏡，是光的折射而顯影，楊子澗的作品往往借用那光的折射，所以不一定耀眼，但絕對不刺眼。

三、以一面鏡子做結

詩，其實就是人生的一面鏡子。照見古今，照見苦樂，照見你我。

楊子潤於你、於我，也是一面鏡子。去年他出版了散文集《倒帶》（台北：文史哲，2015），曾昭旭以〈詩人以永恆地在其自己而成就其悲涼〉作為此書序言，大談他心目中的詩人與世俗格格不入的悲情，我知道曾昭旭所寫的楊子潤不是我認識的這個楊子潤。曾昭旭的〈詩人以永恆地在其自己而成就其悲涼〉可能是楊子潤的一面鏡子，但楊子潤從一開始的純情風燈腳色，北港牛墟懷舊風雲，一直到臉書上的攝影與詩篇，從一而終，恨不得將他所知道的故事敘說給你、給我，但那語言是恆常的抒請語彙，是在山水花草中得取、是在天地風雨中得取，從 1977 的《劍塵詩抄》到 2016 的《來時路》，四十年間走在正確的詩路上。

他的詩，其實就是人生的一面鏡子。照見古今，照見苦樂，照見你我。

2016年立秋寫於明道大學

楊子澗：《來時路》

雲林縣政府，2016年12月

水墨與詩對酌，觀者都醉了

2014年，張默先生決定在辦過《創世紀》（1954-）六十歲慶祝活動之後，不煩詩事，改操畫筆，兩年後高壽86的他果真推出色彩繽紛的《水墨與詩對酌》，雖說是不煩詩事了，仍然逗留在詩的圈子裡，只是更多的時間溜出界外，藉著詩友的想像，伸展他水墨與顏彩的想像，藉著水墨與顏彩的興奮，揮灑他86年來未泯的童心。

其實，他的老友瘂弦先生早就借「一日童子軍，一世童子軍」的名言，說過「一日詩人，一世詩人」的預言，詩壇上自稱「詩癡」且得到多數人肯認其癡的張默，這一輩子是不可能與「詩」脫除關係吧！

2014年初張默就已推出《台灣現代詩手抄本》（1950-2013），他以毛筆在宣紙上一撇一捺謄錄詩友作品，分為「創世紀同仁卷」、「創世紀摯友卷」、「年度詩選編委卷」、「現代女詩人卷」，詩人一百八十六家、詩作六百三十餘首。閑章紅，墨色黑，我認為這是張默以書法在寫台灣新詩史，以張默的詩觀史識在辯證台灣新詩的進化與演變。在創世紀鐵三角和平而無形的賽程裡，展現洛夫與瘂弦所未曾有的優勢。

往前看，1998年五月，張默就曾手抄自己的詩作而成《遠近高低》，初試身手；2011年張默完成「台灣新詩長卷」，書寫眾多詩友作品贈予國家圖書館，開啟新詩推廣、珍藏的另一扇門。至乎2014年的《台灣現代詩手抄本》，逐漸從自身及於「創世紀」同仁、摯友，門戶越開越大，視野越看越廣，孔子曾有年老時「戒之在得」的警惕，張默從自己的作品出發，逐漸拋除詩社的包袱，「寫」「詩」，只要是好詩，他就為她書寫。所以最新的《水墨與詩對酌》（2016），他從日制時代1906出生的楊華開始對酌，楊熾昌、王白淵、林修二、錦連……逐鹿而下，慢慢及於白豐源、余小光，以至於1989出生的宋尚緯，是台灣新詩壇的全視野觀照，張默的詩觀、史識在這　藝術集中得到完整的發揮。

以兩性平衡的觀點看詩壇，張默也是一位率先前行的引領人，上個世紀1981他就在爾雅出版社編選《剪成碧玉葉層層：現代女詩人選集》，令人驚艷，三十年後，他又增補為《現代女詩人選集》（1952-2011），更臻周全完美。此書的前身《台灣現代詩手抄本》（1950-2013），他在「創世紀同仁」、「創世紀摯友」、「年度詩選編委」之外，另立「現代女詩人卷」，顯然在詩的交會瞬間，女詩人詩作中特殊的靈性是他心境激動的源泉，所以《水墨與詩對酌》中當然會有女詩人專輯，從 1921 出生的陳秀喜以下，到 1995 的鐘昀融，年紀相隔 75 載，漪歟盛哉，繁華無比。

《水墨與詩對酌》我們稱之為詩藝合集，她與《台灣現代詩手抄本》最大的不同，是張默大步邁出如實抄謄的書法傳統，也邁出畫學津梁《芥子園畫譜》的格局，以自創的抽象水墨畫技，安置不同的詩篇，越界演出，線條、色澤、塊狀、點畫、留白、濃淡、造型、簽字、印章、閑章……，或伏、或騰、或飛、或越、或佇、或立、或行……，琳瑯滿目，珠玉盈耳，適合把玩，適合細賞，適合在詩與畫之間自由穿梭，任意進出，抽離了形象，超越了可以觸摸的現實，那是詩人的詩語言、畫者張默的筆觸、讀者觀者的想像觸角，相互激盪，相互安撫的過程，另有的、別開的語境、畫境、詩境，已經不專屬於詩人、畫家或讀者。

張默自謙是「以彩墨為新詩加花邊」，意外的收穫可能是：新詩成為張默水墨的花邊。

張默或許認為這是晚年的戲筆，想不到的是：這詩藝合集也可能成為研究他對新詩發展脈絡的新爬梳、總檢驗的最佳證物。

更沒有想到的是：他所擷取的、繪製的、林亨泰的〈國畫〉，很可以作為他這　詩藝合集的最佳寫照。

在故事的草叢中
古人們的蛋，孵化了
大霧中（葡萄酒味極濃）
山河也都醉

張默請來水墨與詩對酌，我們欣然與會，那份真摯、溫馨、典雅、情愛，那份水與墨、詩與畫、昔與今、物與我的潤澤，那興會，暢快淋漓，觀者一入席都醉了！

都醉了吧！

2016 白露前　蠡澤湖邊

張默：《水墨與詩對酌》
九歌出版社，2016 年 12 月
ISBN：978-986-450-033-8

大來小往與日循月環之間

「雲朵」與「蕓朵」的循環

有一位中文學界的朋友，寫一手好論文，一手好字、好書法，會不會也炒一手好菜，我比較不清楚。——重要的是她也寫一手好詩。

她寫詩時筆名〔蕓朵〕，是的，就是我們都熟識的朋友〔蕓朵〕。但是要審慎辨識的，〔蕓朵〕的「蕓」是有草字頭的「蕓」，不是我們習知的「雲朵」。「雲朵」是我們習知的，在尚未認識〔蕓朵〕之前就認識「雲朵」了，所以我們知道「雲朵」指的就是「雲想衣裳花想容」的「雲」，不是「花」。是一朵一朵「花朵般的雲」，不是「雲一般的花朵」。

但是，〔蕓朵〕呢？「蕓」是什麼、如之何成朵？

我去查閱了辭書，辭書上說，「蕓」，專指「蕓薹」，是一種胡菜，胡菜胡瓜胡蘿蔔這樣說來太遙遠，取捷徑而言，其實就是我們大家習知的「油菜」，十字花科，總狀花序，最早栽種這種菜的地方叫做「雲臺」，所以菜名就叫「蕓薹」，可以讓詩友想像的是：雲而成臺，臺上有菜，其實也有現實與想像連結的美感。不過，也有人說，「蕓薹」（油菜）莖短葉大，塌於地面，如片雲麗天，所以稱為「蕓薹」，這是農人的幽默，望地為天，油菜如雲，朵朵片片，「蕓薹」之名就從塞北一直傳送到東南海島，黃綠的顏色佔滿大地，是許多人心中最早的美的震撼。

雲朵在天，抬頭就可以望見，這是寫實之作，如果存留這個映像，望著一片油菜而興起「蕓薹」的想法，這就是詩了。

雲朵在天，透露著天氣；「蕓薹」在地，接連著地氣。〔蕓朵〕的詩，是不是要傳達這樣的訊息？

重要的是：從透露著天氣的「雲朵」，到接連著地氣的〔蕓朵〕，不也是一種循環？

始「乾」終「未濟」的循環

蕓朵在《雲間冥想》這本詩集中以〈節令順行——說說這本詩集的感想〉為序，提到《易經》始「乾」終「未濟」的循環說法，從第一卦的「乾」卦，勁健有力開始，到最後的六十四卦卻是河未渡濟、功未成、名未就的「未濟」卦，一切仍需從頭開始、勁健有力地開始，領悟到「無論是多麼苦難的或是光榮的生命，最後都回到原點」，所以寫出這本《雲間冥想》詩集。

這是學者詩人開宗明義的「序」，實質引領讀者進入她的詩篇。

蕓朵連詩篇的安排都層次分明，井然有序，第一札：春喜，第二札：荷露，第三札：飛霜，第四札：冬隱。依著春夏秋冬及其引發的情思在安置她的篇章。以〈冬隱〉為例，多的是「誤讀歲月、些許感傷、一張微薄的往事、在悲傷中理解悲傷、又一年、期待一朵花開、過了一個年」這樣的篇名，一種幽怨的情緒中隱藏再生的能量。

詩集的第一首詩就是〈循環 2016〉，主題詩、序詩的用意十分顯豁。熟讀這首詩，曲徑通幽，循環的意旨也就逐漸浮現了。

〈循環 2016〉是一首組詩，依二十四節氣而行。一般人講節氣從立春開始談，立春、雨水、驚蟄、春分、清明、穀雨，這是屬於春季的節氣、中氣相連而來，編成〈二十四節氣歌〉的第一句「春雨驚春清穀天」；第二句是「夏滿芒夏暑相連」，那就是立夏、小滿、芒種、夏至、小暑、大暑；秋天是「秋處露秋寒霜降」，包含了立秋、處暑、白露、秋分、寒露、霜降六個節氣、中氣；最後以立冬、小雪、大雪、冬至、小寒、大寒的「冬雪雪冬小大寒」作結。但最早的曆法家取冬至為一年的開始，所以冬至是二十四節氣的開始：冬至、小寒、大寒、……以迄於立冬、小雪、大雪。蕓朵的〈循環 2016〉則是從冬至的下一個節氣「小寒」開始，用另一種方式呼應「循環」是一個「圓」，任一個點都是「終」，也是「始」。不過，這是屬於學者的理性理解與運用，詩人則安置詩的開端：

——始終——

一粒種子掉落地面，緩緩滲入大地的骨髓。
像霜一樣白的影子凝結在行人匆匆的路上。

安置詩的結束：

在行人匆匆的路上。像霜一樣白的影子凝結。

終究像是
凝結著霜一般白的天地。

時間的跳動從某個斷點開始
2016——

——終始——

始終，終始，生死，死生，首尾相互呼應，都以最無暇的「白」，為之終，為之始。

這是蕓朵以詩去呼應宇宙生命的「循環」義。

大循環隱藏著小循環

二十四節氣循著圓在滾動，四季如此終而復始，地球自轉、公轉，天體運行，不都是繞著圓的軌跡動者恆動？

古人依著節氣了解水的多寡、氣候的冷熱，照著節氣種植蔬果，循著節氣在過日子。除了節氣，古人的天干，其實也來自自然界的某些狀態依序排定，試看天干甲乙丙丁戊己庚辛壬癸的發展——

「甲」字，《史記‧曆書》：「甲者，言萬物剖符甲而出也。」如植物破土萌芽的樣子，外面的口（或寫作留有小缺口的半圓）是木出生時的孚甲，中間的十字是裂土而出的裂痕。「乙」字，象形，像春天草木萌芽，尚未風和日麗，嫩芽強自抽軋上出的樣子。「丙」字，可能是「炳」字的初文，「从一入冂」，一表陽氣，「冂」是「坰」

的古字，代表遠野，應該是開闊的原野上陽氣旺盛，植物欣欣向榮。「丁」自是古「釘」字，象俯視釘子上端的釘帽之形，或方或圓，或虛或實都無妨，《說文解字》：「夏時萬物皆丁實」，是指夏季來臨萬物如釘子壯健而札實。「戊」字，有人認為就是古「茂」字，「从1从戈」，「1」是上下通，天地之氣通，所以生物茂盛，「戈」是殺傷之象，物太盛，會遭人斲傷。「己」是「紀」的本字，三橫二直，象治絲、理絲的樣子。「庚」字，小篆中間寫成〇形，許慎、王筠都認為是「象秋時萬物庚庚有實也」，「有垂實之象」，這是萬物成熟，果實累累的樣子。「辛」字，眾說紛紜，多跟罪愆有關，但許慎說解仍然循著物的生長發展，他認為「求實萬物成而孰（熟），金剛味辛也。」這是指果實剛成熟時的青澀味。「壬」，一般認為同「工」字，上下的橫線象物，中間那一橫象人，所以有拿工具完成工作的「擔任」、「任事」之意，再引申為「姙」「妊」的懷孕之意，指新生命孕藏於內。「癸」，《說文解字》說字象「水」從四方流入地中，水土因而平整，適合測知水的深淺、土的肥瘠，所以有揆度耕種的最佳時機之意；「癸」字後來也指稱女子月經，如月癸、天癸。「壬」、「癸」二字合觀，頗有女性、母親、大地蘊藏無限生命的涵義在。

從破土而出、抽軋上長的「甲、乙」，到母性、懷藏的「壬、癸」，生命循環不息的本質，都在大自然中環環扣合。

蕓朵的〈芽〉如此顯映著：「生命中最重要的感動不是滿樹的花／而是春天剛剛冒芽時蹦的一聲」。

或者，年長者對年少者的告誡都可以看出生命的嬗遞、經驗的傳承與賡續：「你向鏡中嫩芽的臉說／枯黃才是真實／／我想起你／十七歲的紅臉頰，原來／每一顆青春痘都僅有一次春天」（〈鏡中自己〉），曾經紅過的臉頰也會有枯黃的一天，每一顆青春痘都僅有一次春天，他們都要經歷生老病死的循環。

小循環呼應著大循環

華人世界還講究「子、丑、寅、卯、辰、巳、午、未、申、酉、戌、亥」十二地支，因此推衍出十二生肖，這十二地支仍然有著嚴謹的對應關係，保持著呼應的循環作用，譬如詩人可以這樣思考：子，可以是孔子的「子」，也可以是老鼠的「鼠」，若是，聖凡之間就有了對應的可能；丑，可以是地支的「丑」，也可以是審美的、簡體的「醜」，若是，小丑、戲謔、苦中作樂，都會有所繫連，皺、醜、陋、透、瘦，說不定都會有新解。

再看比西方四大元素「地水火風」多出「木」的「五行」：金、木、水、火、土，自古有相生相剋之說，木生火，火生土，土生金，金生水，水生木，木又生火；木剋土，土剋水，水剋火，火剋金，金剋木，木又剋土。這樣不停地彼此相生也彼此相剋，世界萬事萬物因而循環無間，生生不息。

蕓朵應之以人事，應之以遐想，應之以詩：

我嘗試
關上門又開了門
脱鞋穿鞋
我嘗試

這世間的人出出入入
我出出入入世間

我嘗試
這唱腔飆高讓天空裂開傷痕
或者讓地面的蚊蠅失去蹤影

我嘗試在寒冷的冬季
用冰封的嘴臉面對自己

倘若天邊黑成一塊無人問津的淤泥
總有曾經留下了蹤影

——〈我嘗試〉

光明與黑暗，出與入，多少的對比動了起來，多少的循環呼應著另一個循環，轉動著另一個循環。

即使是很輕很輕的〈氣球〉，以一御萬，蕓朵也讓它轉生出多少萬花筒：「人站在樹下／氣球飛在雲端／／一根細絲／牽住海角天涯／／你的眼光／把世界看成／萬花筒／／而我依然在／飄」。

蕓朵用筆一向輕柔，三言兩語，讓我們隨著她清楚看見「循環」的精靈可愛，也悟得這「循環」的老鬼魂，任你大來小往，日循月環，永遠無法擺脫，所以何妨與之追逐、嬉遊，因無所求而擺脫了「循環」之苦，獲取「循環」的極大縱放之樂。

2016 年白露將來之時　寫於明道開悟大樓 432 室

蕓朵：《雲間冥想》
新世紀美學出版社，2017 年 4 月
ISBN：978-986-94177-1-6

好一個「別」字——李茀民《詩有別趣》之別讀

讀大學、研究所期間，我最喜歡研讀的書籍是詩話、美學、文學理論批評，最心儀的詩話論述是晚唐司空圖（837-908）的《二十四詩品》，簡潔的四十八個字，十二句四言詩就能繪出一種詩的風格美學，令人心領神會，若有所悟。其次是南宋末年嚴羽（生卒年不詳，約死於宋理宗在位年間 1224-1264）的《滄浪詩話》，他的詩論融合了儒釋道三家的精髓，可以見其異而無扞格不入的尷尬之情、為難之境。如恭己正南面的儒家說詞，他說：「學詩以識為主，入門須正，立志須高，以漢、魏、晉、盛唐為師，不作開元、天寶以下人物。若自退屈，即有下劣詩魔入其肺腑之間；由立志之不高也。行有未至，可加工力；路頭一差，愈騖愈遠；由入門之不正也。」（卷一・詩辨）這種「入門須正，立志須高」的儒家精神，從他筆下流露，讓人不能不頷首稱是。最有名的是嚴羽以禪喻詩所形成的妙悟說，基本上就是釋家胸襟：「夫詩有別材，非關書也；詩有別趣，非關理也。然非多讀書、多窮理，則不能極其至，所謂不涉理路、不落言筌者，上也。詩者，吟咏情性也。盛唐諸人，惟在興趣，羚羊掛角，無迹可求。故其妙處，透徹玲瓏，不可湊泊。如空中之音、相中之色、水中之月、鏡中之象，言有盡而意無窮。」（卷一・詩辨）所以得出「禪道惟在妙悟，詩道亦在妙悟」的說法。接近道家修為的，如他在解說詩的「詞理意興」時，認為「南朝人尚詞而病於理，本朝（宋朝）人尚理而病於意興，唐人尚意興而理在其中，漢魏之詩，詞理意興，無迹可求。」（卷四・詩評）是以自然為上的道家情懷，不喜歡「以文字為詩、以才學為詩、以議論為詩」。這樣的詩說是寬容而溫潤的，深深令我嘆服。

2016 年秋日有幸先讀李茀民教授（Prof. LEE, Hock Ming）的第二本詩集《詩有別趣》，蒐集他 1987-2016 的三十年間 68 首作品，這時距離他 1993 年出版的《中國泥人》也已 23 年，因為《詩有別趣》的書名，我不自覺地喚醒了《滄浪詩話》在腦海中所存留的印象。

「詩有別趣」出自《滄浪詩話》卷一〈詩辨〉之第五則：「夫詩有別材，非關書也；詩有別趣，非關理也。」嚴羽在書、理、意趣之間來回辯證，他所認知的詩要求意趣，要有一種獨特的情趣或韻味，所謂意趣、意興、興趣，都與書、與理無關，但又不妨從書理中激盪而出。這樣的觀念必然也是學者詩人李苐民所贊同的，他的詩，無一不是從書理或思理中醞釀出意趣，如從固體的米、麥，釀出液體的酒，又從液態的酒，飄散出氣態的香，這種改變本質的化學性變化，有近於從書理擷取出精華液的那種「別趣」，所以書名才會叫做《詩有別趣》。詩集分成四卷：詩有別才，非關書也；詩有別膽，非關情也；詩有別識，非關游也；詩有別力，非關理也。顯然是從嚴滄浪「別材」、「別趣」中盪開思維而來。至於「非關」二字的詭譎、矛盾處，「關乎？不關乎？」的思辨，一線之隔的距離，兩極之間的親密，自有一種詩意的美好，絲綢一般飄拂。

「別趣」二字其實也可以有另外的別讀，揚雄《文選‧羽獵賦》：「若夫壯士　慨，殊鄉別趣。」，古人注「鄉」為「向」，注「趣」為「趨」，所以「殊鄉別趣」就是「殊向別趨」，指的就是趨向殊異，各人有各人的走向，不同的趨勢。如果真是這樣，李苐民的詩集《詩有別趣》，應該具有一種自信自豪：我的詩是異乎常人的獨創之作，頗有嚴滄浪「立志須高」的精神。以此反觀《詩有別趣》詩集，顯然也有超拔於流俗的非凡氣概。

譬如卷一〈詩有別才，非關書也〉，重點放在多年欣賞的舊體詩怎能不轉生新義，這一卷，李苐民試圖活化古人經典詩作，活絡古典與當代的繫連，台灣詩人蘇紹連、洛夫都曾先後以專集的方式期望以舊詩開拓今人視野，但李苐民不限定自己在詩詞這一區塊團團轉，起手安排的是〈讀史〉，「把滄桑歷史／釀成另一種黯然的格律／生命就低低淺淺地吟哦起來」，一種「承先」型的起手式，穩當地承接歷史的滄桑，最後結束於「直到回聲沉落，漸漸／才知道酩酊的臥姿／再怎麼試圖清醒／也不能讓一排排路燈／搖搖晃晃唱支歌了」，卻又走入另一種蒼茫、蒼茫的未來，另一種悲涼的「啟後」感慨。〈讀史〉，或許就有這種卷頭詩的功能，定調這卷詩的滄桑與蒼茫。

「詩有別才，非關書也」，李苐民如此自豪自信地開啟第一聲，將古詩人的心血隨其意轉換、挪移、滾動、切割，再造語境，轉生新血。有時古詩人的一句詩轉成一個小標題，四句詩轉成一首完善的組詩，如〈江雪四韻〉；有時沿用原詩句，切換為圖象詩，如〈竹里館〉；有時只借古人詩題，立即割捨一切因緣，如〈秋興七情〉，將杜甫的八首改成七情，不管玉露凋傷楓樹林，巫山巫峽氣蕭森，專寫自己的喜雨、怒海、憂梅、思夜、悲樹、驚漣、恐瀑，而且時間點也不全設在「秋」字，卻更深層掌握了因「秋」而「興」的喜、怒、憂、思、悲、驚、恐。這就是李苐民的自豪，因書而起，卻非關書也，因為這是詩，另有別才始成詩。即使跳出這一卷，到了卷三的〈蘇州紀行〉，詩的舊語詞、舊典故、往昔的繁華，仍然要在他的新詩中繞上半圈舞，才要轉身幻化為今日的精靈。

我們都讀過採菊東籬下的陶淵明、讀過落霞與孤鶩齊飛的王勃、讀過垂淚蠟燭的李商隱，但是我們不知道用一個「等」字可以串起三家詩，李苐民以他的別才，創作了一首傑異的〈等〉：

你在等待，元亮知道
像東晉那盞菊花
在風言風語的籬下
獨守悠然的南山

你在等待……子安知道

像初唐一襲落霞
在秋水拉長的樓閣
凝望隔世的孤鶩

你在等待？義山不敢知道
像不像晚唐某截殘燭
在傷心欲絕的淚裡
苦候奮不顧身的飛蛾

——《聯合早報　文藝城（2016.4.13）》

如果回到當代現實呢？李茀民強調的是一個「膽」字：〔詩有別膽，非關情也〕，敢於用膽，才敢於創新，卷二的詩，其實都在表達人世間累世不變的寂寞、萬古長存的孤獨，但他用了許多不同的意象、不同的形式。如一開始的〈落日的悲哀〉，舉出天地間最巨大的孤獨形象「落日」，當整顆落日西沉，星夜也被燒盡後，「月色的灰燼才會記得／在無邊的空曠中喊一聲／冷」，這時，落日早已沉入無盡的黑暗裡，即使記得他的溫暖，他也已沉入他自己的孤獨。在天空中，日頭運行是孤獨的，接近地面時，落日更是孤獨沉落，一首〈落日的悲哀〉，道盡了輝煌時的孤獨、繁華落盡後的孤獨，道盡了天體的孤獨、人身的孤獨。此卷第二首詩，直接推近死亡、面對死亡，死亡，不是人世間最巨大的孤獨嗎？〈死前十二小時〉表面上只寫了六個時辰：午、申、戌、子、寅、辰，呼應著題目的十二小時，但應該注意兩件事，其一是這六個時辰是間隔著跳用：午（未）、申（酉）、戌（亥）、子（丑）、寅（卯）、辰（巳），不可能單獨存在，所以，這跳用的六個時辰其實暗示著不可切割的十二時辰，是死亡二十四小時緊緊跟隨在人類身邊的意思。其二是以午開始，以辰結束，午時日正當中，生命的壯年，但死亡已如此靠近，辰時是早上七點到九點，日頭正上升，青春正待飛揚，而死亡全面覆蓋，逼臨最後的呼吸。

或者，轉頭審視細微處吧！簡單的三行詩〈寂寞〉十首，李茀民很清楚，人類無法跳脫時間的牢籠，十首〈寂寞〉是從〈清晨〉就被死寂困住：「我在虛擬世界追趕╱夢，剛到手的╱美麗，被朝陽洗劫一空」，從美夢中醒來，彷彿回到真實世界，真實世界卻又是空的世界。最後結束的〈荒冢〉：「把我孤獨的影子埋葬╱月光，會幫忙立起╱涼涼的墓碑」，表面上是以空間（荒冢）作結，仔細看，那月光所暗示的時間恰恰就是一天（一生）的終了，那墓碑所顯示的溫度是那麼真實的冷。李茀民其他的詩篇，如卷三的〈拉斯維加斯組曲〉、〈秋天在珠海醒來〉，也都遵循著日晷的行跡，彷彿「時間」真是人類脫不下的緊箍咒。

這卷二，李茀民大膽地以「時間」牢牢鎖住人類永世的孤獨、寂寞，無以翻身。

卷三〈詩有別識，非關游也〉，寫的正是「游」，相對於「時間」的「空間的移動」。我們可以認知自己在「時間」中，卻不能在「時間」中任意移動，「空間」則可，有有限的空間，也有無限的空間，可以有有限的移動，也可以有無限的移動。在這卷詩裡，李茀民要從「游」去建立「別識」，從「行萬里路」去反思所讀的萬卷書，依據嚴羽的話「非多讀書、多窮理，則不能極其至」，所以先讀萬卷書，再行萬里路，行萬里路才有極其至的可能。

李茀民是新加坡華裔人士，生於新加坡，長於新加坡，獲得新加坡國立大學碩士學位之後，前往中國復旦大學攻讀博士，目前在北京師範大學・香港浸會大學聯合國際學院（UIC）教書，此一學院位於廣東省珠海市。以這樣的背景來看李苐民的旅遊詩，幾乎不觸及一般現代華語詩人所常書寫的鄉愁，不論是中國的山水或西方的都城，這時，讀者反而要去注意的是李苐民所隱藏的「別識」，不同於一般人的「識」到底是什麼？例如〈北京冬夜〉裡顯示的鄉愁，既是巨大的「靜靜和宇宙的空茫對話」，也是微渺的私己的相思：「我的歌會凝成痛苦的雨水／一聲一聲／敲落在五千里外／你早已緊掩的心扉」。

〈詩有別識，非關游也〉的作品，我特別喜歡〈臨夏五德〉，臨夏是中國甘肅省下轄的回族自治州，地屬黃河上游，是黃土高原與青藏高原交界處，人為信仰伊斯蘭的穆斯林。〈臨夏五德〉是記遊之詩卻又寓事理於其中，李苐民在臨夏之區理性歸納出木火土金水的五種特產：木德之雕刻葫蘆、火德之河州彩陶、土德之回族磚雕、金德之保安腰刀、水德之花兒匯流，就是一次卓越的「識」。這首詩自有報導區域特色、地方特產的作用，但就詩言詩，五德之「識」，卻更令人刮目相看。如〈木德之雕刻葫蘆〉：「美麗從來不在皮膚／而是葫蘆的虛懷若谷」，如從〈火德之河州彩陶〉，看到「用火和陶土／燒成厚實的基礎」，兩隻焦黑的耳朵彷彿可以聽到黃河的水紋及漩渦，都有見人之所未見的「別識」。

至於終卷的〈詩有別力，非關理也〉，依據嚴羽對「詞理意興」的認知，應以唐朝、漢魏之詩為其準則，最高境界是「漢魏之詩，詞理意興，無迹可求」，其次則應向唐人看齊「尚意興而理在其中」，下者則以南朝與宋朝為戒，「尚詞而病於理」或「尚理而病於意興」，有所偏倚而不得其當。所以，李弗民的〈詩有別力，非關理也〉，那「力」，應該是指可以涵容「理」的「意興」的創造，充滿意興而理自然融於其中的作品，就是好作品。

像〈感遇〉這首詩：

如果遠山有神話
霧一定是最迷信的聽眾
在清晨，在黃昏
在陰陽二氣交替的時候
按時聚攏，安坐入定
連老樹也靜靜垂下耳朵參禪

可遠山漸漸被開發得近了
霧只能向庸俗人間散佚
化成香煙彌漫的佛

如果深水有傳奇
魚一定是最忠誠的護衛
在海藻間，在珊瑚下
在青藍兩色爭勝的地方
依約守候，保密藏幽
直到螺旋槳暴躁地亂舞粗手
而深水慢慢被夯填得淺了
魚只好往亮燈漁船泅去
跟釣鉤傾吐今生不幸　（1991）

這首詩是非常美的生態詩，控訴過度開發的山水已不宜人居、不宜魚游，語言與詩思悠悠同往，意興所向，理亦同在。

可以跟這首詩相對應的，剛好是卷四最後的作品〈失眠〉：

鳥的翅膀是天空的傷口
魚的吻痕是大海的傷口
月亮的臉龐和星星的眼睛
都是黑夜的傷口

文字的舞弄是紙張的傷口
語言的鋒利是詩歌的傷口
回憶的窗格和夢境的門閂
都是歲月的傷口　（2015）

鳥類的翅膀，優美的振動，是力與美的完美結合，但對渾融的天空而言，那是柔美的擦傷，依然是傷口。魚類吞吐氣泡是生存之必要，但對寬廣的大海來說，傷害了至全、至美的圓融，處處留下傷口。所以，完美的黑夜是美的，月亮的臉龐和星星的眼睛，對黑夜來說，好像是戳破夜的純黑的瑕疵。這樣的美的理想境界，接近道家對「道」的歌頌：

沖兮，用之或不盈
淵兮，似萬物之宗
湛兮，似或存　（《老子》第四章）

道，多麼淡而沖啊！不論你如何應用「道」，「道」卻好像無盡無窮。
道，多麼幽微淵深啊！好像是生化萬物的神。
道，多麼清澄啊！似乎存，又似乎不存。　（《老子》第四章語譯）

這首詩從大自然的諧和氛圍，點出李苐民自己接近釋與道的詩觀，那是不要舞弄文字，不要語言鋒利所記錄的歲月刻痕，那是隨時可以進出的記憶與夢的窗門。

這是寫詩的李苐民，雖然這首詩的韻律有些像歌，但已遠「別」了他的流行歌曲創作（如〈愛的潮水〉）一段距離了。

2016 年颱風剛過的中秋節　寫於明道大學

李弗民：《詩有別趣》

新加坡作家協會（Singapore Association of Writers），2016 年 12 月

ISBN : 978-981-11-0651-4

蕭蕭散文書目

1981.03.《流水印象》，臺北，蓬來出版社。
1982.03.《穿內褲的旗手》，臺北，蓬來出版社。
1983.《來時路》，臺北，爾雅出版社。ISBN 957-639-134-2
1984.10.《太陽神的女兒》，臺北，九歌出版社。ISBN 957-560-221-8
1985.04.《美的激動》，臺北，文鏡文化公司。
1986.05.《稻香路》，臺北，九歌出版社。ISBN 978-957-444-866-1
1987.04.《感性蕭蕭》，臺北，希代書版公司。
1988.09.《與白雲同心》，臺北，九歌出版社。ISBN 957-990-863-X
1989.04.《一行二行情長》，臺北，漢光文化公司
1989.09.《測字隨想錄》，臺北，合森文化公司。ISBN 957-957-904-0
1990.08.《神字妙算》，臺北，漢藝色研公司。ISBN 957-630-081-9
1990.08.《字字玄機》，臺北，健行公司。ISBN 957-954-609-6
1991.02.《八字看平生，一字透玄機》，臺北，健行公司。ISBN 957-954-613-4

1992.03.《忘憂草》，臺北，九歌出版社。ISBN 957-560-188-2

1992.10.《每一滴水都有他自己的聲音》，臺北，耀文圖書公司。ISBN 978-957-718-038-4

1993.10.《站在尊貴的窗口讀信》，臺北，九歌出版社。ISBN 957-560-267-6

1994.06.《47 歲的蘇東坡，47 歲的我》，臺北，爾雅出版社。ISBN 957-639-136-9

1995.03.《禪與心的對話》，臺北，九歌出版社。SBN 978-957-560-341-0

1996.04.《心中昇起一輪明月》，臺北，九歌出版社。ISBN 952-560-432-6

2000.03.《詩人的幽默策略》，臺北，健行公司。ISBN 957-968-092-2

2001.12.《父王．扁擔．來時路》，臺北，爾雅出版社。ISBN 957-639-325-6

2003.04.《暖暖壺穴詩》，臺北，紅樹林文化。ISBN 986-7885-10-4

2003.01.《詩話禪》，臺北，健行文化。ISBN 986-7753-08-9

2006.11.《放一座山在心中》臺北，九歌出版社。ISBN 957-444-356-6

2009.10.《管簫二重奏》，臺北，九歌出版社。ISBN 978-957-444-629-2

2010.11.《少年蕭蕭》，臺北，幼獅文化。ISBN 978-957-574-789-3

2013.02.《稻香路　蕭蕭農村散文新選》，臺北，九歌出版社。ISBN 978-957-444-866-1

2016.01.《快樂工程》，臺北，九歌出版社。ISBN 978-986-450-031-4

2017.02.《亂中有序》，新北，新世紀美學。ISBN 978-986-93635-9-4

作者簡介 I

蕭蕭

蕭蕭老師，大約是台灣新詩壇被稱為老師的詩人中，最為名實相符的一位，三十二年的中學教師、十四年的大學教授經歷之外，還編撰《現代詩導讀》、《中學白話詩選》等書，二十世紀七〇年代開始，許多年輕的詩人閱讀這些作品而認識新詩、創作新詩，他是一位傑出的新詩領航人。

蕭蕭老師也可能是新詩評論文章寫作最勤、論意最貼近詩人、最能引導讀者進入詩境界的評論家，著有《現代詩學》、《台灣新詩美學》《現代新詩美學》、《後現代新詩美學》。與張默先生編撰《新詩三百首》，為新詩定音。

蕭蕭老師出身中國文學系，雖未積極鼓勵創作小詩，卻可能是小詩創作量多質優的一位，早期以簡約、留白，引人矚目，近期則以禪趣、玄思，逗人發想。留神於宋韻唐風的茶道、琴道，發願為古琴、茶湯寫作專詩，頗為學界、業界所讚賞。出版詩集《松下聽濤》、《月白風清》、《雲水依依》、《情無限・思無邪》、《凝神》等十七冊。

蕭蕭老師，目前是明道大學講座教授兼人文學院院長，《台灣詩學》季刊社社長。

典藏人文 6

蕭蕭70紀念文集
亂中有序 Order in Chaos
詩人與詩人的第一類接觸

作　　者：蕭　蕭
美術設計：許世賢
編　　輯：許世賢　楊芸茹
封面攝影：陳舜仁
出 版 者：新世紀美學出版社
地　　址：台北市民族西路76巷12弄10號1樓
網　　站：www.dido-art.com
電　　話：02-28058657
郵政劃撥：50254486
戶　　名：天將神兵創意廣告有限公司
發行出品：天將神兵創意廣告有限公司
電　　話：02-28058657
地　　址：新北市淡水區沙崙路25巷16號11樓
網　　站：www.vitomagic.com
總 經 銷：旭昇圖書有限公司
電　　話：02-22451480
地　　址：新北市中和區中山路二段352號2樓
網　　站：www.ubooks.tw
初版日期：二〇一七年二月
定　　價：五二〇元

國家圖書館出版品預行編目(CIP)資料

亂中有序 ： 詩人與詩人的第一類接觸 ／ 蕭蕭著 . --
初版 . -- 臺北市 ： 新世紀美學， 2017.02
面； 公分 --（典藏人文 ； 6 ）
ISBN 978-986-93635-9-4（平裝）
855　　105024228

新世紀美學